U0463683

生命的善行

托尔斯泰陪你
走过春夏秋冬

（俄罗斯）列夫·尼古拉耶维奇·托尔斯泰 著

冯永　李俊杰 译

中国华侨出版社

北京

目录

七月

八月

九月

七月

生命的善行

——托尔斯泰陪你走过春夏秋冬——

人心是拥有神性的

七月一日

所有真理的源头都有神的存在。人可以把真理展现出来，只是说明人拥有这种本性，而并不代表人是真理的制造者。

帕斯卡

看到竹管子中流出雨水，我们会误以为竹管子产生了雨水，其实雨水是由天空产生的。对宗教矢志不渝的人也是如此跟我们阐述神圣道理的，我们会觉得那些道理来自讲道的人，而其实它们来自神那里。

拉马克里斯纳

假如照老子的说法——觉得自己的精神力量和神的力量是分开的，这就相当于认定风箱本身除了是空气产生的源头，可以让空气通过的器具以外，还笃定风箱本身就算处于真空中，也依然是空气产生的源头。

我怀着一种与众不同的力量感受到人可以做而且正在做温暖的、伟大的事情，可是人们在完成这些事情时，只是一种比自己高明的东西或一种"手段"罢了——宗教信仰就是这种感情。面对所有这些只是借由他的手来完成，而不是由他产生的奇迹，这些拥有宗教信仰的人是带着神圣而雀跃的激动的。

意志和行为事实上都存在着源头，我们可以凭自己的本事去完成一些神圣的、杰出的事情甚至一种奇迹。因为宗教带给我们的雀跃，我们因此变得平静、澄明而回到无的境界，抑或说我们因此意识到还有比人更神圣的东西。当我们听到圣灵在生命源头的说话声时，当我们感受到我们的一切都被神所主宰时，自己的"小我"肯定就不存在了——像神的声音传到先知的耳朵里，胎儿的讯息被年轻的母亲感受到，都是一个道理。假如我们只对自己的"小我"有意识，我们这种存在物就非常有局限性，是自私自利的，被禁锢住的。可是假如我们和世界的生命合二为一，和神的声音遥相呼应，我们的"小我"就跟着不存在了。

卢梭

如果我们能从自己的"小我"中走出来，就算只有短短的一瞬，所有人都会摒除心中的恶念，而变成可以对光进行反射的玻璃——光一直都有，为什么我们不对它进行反射呢？而这短短的一瞬，我们就会看到沐浴在光辉中的世间万物。

梭罗

杰出人物的思想基础事实上可以在谦虚的同胞之间找到，而且，杰出人物因为其所受到的深刻影响而展现出来的特性之所以高贵，事实上雷同于普通人在平常工作中的表现。

尽管只有很少一部分人可以得到这种真正杰出的智慧，可是这些人的智慧要想成立，也只有当他们变成人类精神和思想的典型或样本时。这些人并不是奇迹，也不是难以想象的，他们所闪耀出的光辉只是表现出了隐藏在所有人类本质中的力量，是人类心灵的自然发展。

世界先进思想

让自己的本质和神相融合才是人类在世间真正意义上的工作，唯有如此，爱与理性的力量才能流过一个人的心里，像从清澈的运河流过一样。

世界先进思想

生活像孩子被交给保姆一样被交给我们，要把它抚养长大。这就是寓言里说的关于天赋。

《马太福音》24：14～30

让神的力量从你心中通过是再幸福不过的了，而要想做到这样，必须让自己保持纯净。

评价艺术

七月二日

不管在哪个领域，像在评价作品时所用的话——尤其是像"艺术"这两个字是被无数次运用的。

当我们竭尽所能依然发现存在某些没办法彻底弄明白的东西时，对于从艺术作品中所接受到的印象，我们才会真正觉得满足。

叔本华

艺术的概念是某一个人刻意给其他人传达自己所感受到的情感，通过某种外在的形式，抑或说，艺术工作旨在让其他人受到自己感触的影响，使他们和自己感受相同。

艺术是在显露内心所深藏的东西，让模糊的变清楚，复杂的变简单，偶然的变必然。总的来说，艺术把大自然所隐藏的目的揭示并展现了出来。真正的艺术家总是会单纯化所有东西。

如果全世界的现象只是和我们眼睛里的印象相同，那么艺术就是在对眼睛里所形成的这所有印象进行说明，是和照相机的暗箱一样，更单纯更分明地表现出物象，在考察和掌握时也更加充分。艺术就像《哈姆雷特》一剧那样，是舞台的核心。

叔本华

假如一个人只有平凡的感情，那么他的思想肯定就会受制于事物，可是艺术家会让事物被自己的思想所掌控。普通人觉得大自然是一成不变的，可是艺术家却觉得大自然是可以再造的，是可以移动的。艺术家会让大自然留下自己的影子，对于他来说，看上去骄傲的世界其实是谦卑的，他让泥土或石头都拥有人性，让它们表现出自己的理性。

爱默生

请牢记一条：所有美丽的事物都不可能产生于竞争心，所有高贵的东西都不会来自傲慢。

罗斯金

有这样一些人，他们和民众生活在一起，和民众同甘苦，假如只是用自己的科学和艺术服务于民众，而不主张任何权利，这时科学和艺术才会对人有帮助。而民众是否愿意接受这样的服务，则取决于民众本身的意志。

真正意义上的科学和艺术有两个不容置喙的指标，分为内在的和外在的，前者是指服务于科学和艺术的人是以自我牺牲的情怀来履行自己的义务，而不是为了利益。后者是大家不仅会认识并认可其作品，而且也让大家感觉到了幸福。

科学和艺术息息相关，就像肺和心脏的关系那么密切。所以，假如一个器官坏了，另一个器官也就跟着受到影响。

真正的科学是在开展一种研究，而让每个人都可以感受到某个时代某个社会的人认为的最关键的知识方面的真理。艺术则将真理从知识范畴转移到情感范畴。

即便艺术工作没有像普通艺术工作者所自诩的那么崇高，可只要是在联合大家，在激起大家心中美好的情感，艺术工作就是一项非常好的工作，而不是没有好处的。可是现代富有阶级所认可的那种会分离大家，所激发的情感也并非美好的艺术，那么这样的艺术工作就是有害的。

自由的人

七月三日

人越是看重自己动物性层面的生命，他就越不会自由。

在说到人的最大幸福时，我们听到最多的就是在于拥有幸福。没错，如果不缺乏自由就是幸福，那么自由的人就是幸福的；换句话说，当我们发现一个人处于烦恼、痛苦和不幸中时，最理智的就是先搞清楚他是否自由，看看他是不是受困于某件事或某个人。

如果自由就等同于幸福，自由的人就会做自己的主人。所以，在其他人面前阿谀奉承的人，必定也是缺乏自由的人；他也许是因为职位，也许是为了生存，也许是为了得到某样东西；通常情况下，他是想把身外物牢牢握在自己掌心的不自由的人。

自由的人只会想要掌控自己可以掌控的东西，而只有自己才是可以完全掌控的。所以，假如有人想掌控他人，那么他必定也是个缺乏自由的人；也就是说，他被想要掌控别人这个欲望所控制。

爱比克泰德

真正自由的人不仅拥有外在自由，也拥有内在自由，如果缺乏内在自由，那么也是没有任何意义的。即便外在暴力不会压迫到我们，可是因为自私、罪恶、害怕、无知，而没办法对自己的心灵进行掌控，那么于我们而言，外在的自由也没有什么好处。我觉得只有不故步自封的人，摆脱了愤怒、懒惰和骄傲，把自己奉献给人类的人才称得上是自由的人。

伊凡·蒲宁

为了变成真正意义上的自由人，你一定要领悟到神给予我们的，我们随时都要还给神；你必须让自己的意志和神的意志融为一体。只有在和神的意志相违背时，我们才可能不自由；如果你和神的希望一致，只对真理和爱有渴求，那么你就是自由的。你能把真理和爱表现出来，就代表你依然拥有自由；如果你对真理和爱没有渴求，你这一生只能称为一个奴隶——就算现世所有的荣誉你都拥有，就算你成了皇帝，你依然只是个奴隶。

爱比克泰德

在失去自由的地方，人们就只在动物的层面生存。

约瑟夫·马志尼

如果要选择当奴隶，就做更多人的奴隶吧，而不要选择做一个人或极少数人的奴隶，这样你才会变成更多人的友人。

西塞罗

我们所与生俱来的是作为一个人的尊严和自由——带着这些宝贝往前走吧，要不然你会和尊严一同消失。

西塞罗

当你觉得自己这个存在物受到了约束，原因就从你自己的内在中去寻找吧。

论处罚

通常我们对一个人进行处罚，都不是基于科学的审判，也不是从正义感出发的，而是想要报复一个对我们或其他人行恶的人，可以说基本上都是着眼于不好的感情。

耶稣又给他们打了个比方说——天国就似乎是人在田里撒好种子就去睡觉了，结果仇敌趁这个时候在麦子里撒上了稗子。等到禾苗长出来，能看到穗子时，也能看到稗子。田主的仆人过来跟他说："主啊，你不是在田里撒好种子了吗？那这稗子又是来自哪里？"主人说："这是我们的敌人撒下的。"仆人说："要不要我们去薅出来？"主人说："不用了，你去薅稗子，也许连麦子也会一并被扯出来。"

《马太福音》13：24～29

小孩子自己不小心碰到了床，然后去打床是一件很傻的事，和大人遇到攻击时会跳起来其实是一个道理，因为受到伤害而想要回击也是一样的。这种论调让人匪夷所思——"因为对方曾经行恶，所以我们就可以对他进行理所当然的报复。"

有人犯罪时，其他一些人为了和罪恶进行抗争，就只会用恶的方式对其进行处罚，不知道有什么更好的办法。

必须建立在一种了解的基础上，同时要具备感化的作用。

处罚如果是因为教育、社会秩序或宗教上的认知而存在的话，事实上不管是对子女来说，还是对社会或有宗教信仰的人来说都没有好处。此外，因为让子女学会了无情、荼毒社会，还包括让一般人接受地狱观念从而把他们的德行抹杀掉，而让过去和未来都生活在不幸中。

很早以前，处罚得不合理和收效甚微就已经被人们所发现，于是预防、纠正和威胁种种理论开始出现，可是这些理论到最后依然宣告失效，因为这些理论尽管基础都是复仇，可却想方设法不让这一点显现出来。虽然人们想了不少方法，可是像犯罪的人是否悔悟之类的重要问题，他们却置若罔闻。这些人所过的生活也不值得借鉴，因为他们只知道想出办法，对种种理论进行研究。

就如同我们现在看吃人，抑或把人供奉给神这类事情，对于我们如今所进行的处罚或刑法，我们的子孙后代会抱以惊讶的、匪夷所思的眼光，嘴里也会念念有词，"他们所做的事情如此缺乏科学性、残暴，而且危害极大，为什么就没有被察觉到呢？"

证明我们的社会和宗教精神绝缘的最突出的证据就是死刑。

相比人所能给出的刑罚，所有的罪恶本身所具有的处罚都要严厉得多，合理得多，适宜得多。

几乎所有被砍头的人或系狱的人，他们的不幸都来自那拥有权威的法律。

赫伯特·比格尔

　　对于这一点，我们必须知道，也必须牢记，想要对人进行处罚是最低层次的动物性感情；如果你的心遵从这种感情，所产生的活动就不会是合理的。

恶就在自己的行为中

七月五日

人之所以会犯罪，就是因为人固执己见；假如人在做事情时能遵从神的意志，那么所有事情都会向美好的一面发展。

有关尘世的虚空，所罗门和约伯说得比谁都好，了解得比谁都透彻。尘世的虚空意指有些人幸福无比，有些人却哀伤无比；有些人终日生活在快乐中，有些人却尝尽了人间的苦与痛。

帕斯卡

人接受神给予的东西时，对于人来说，当时那一刻和那个东西都是一种恩赐。

马可·奥勒留

人的一生都是以幸福为目标的，最后他们所收获的就是地地道道的善与生。

到底要什么时候你才能从肉体中超脱，变成精神体？到底要什么时候你才能知道爱众人的欢愉？还有到底要什么时候你才能领悟人生，解决自己的烦恼和忧愁，而不需要其他人牺牲生命来成全你一个人的幸福？又要什么时候你才能明白自己能掌控的、不取决于其他人和外在事物的幸福才是真正的幸福？

马可·奥勒留

你一定要相信你所拥有的只有你的心灵。毫不犹豫地选择最好的生活方式吧，习惯了之后你就会觉得很快乐。富有、权力、肉体、名誉、荣誉等都是不值得信赖的锚，是空虚的，无力的。那么，对于生活来说，我们又要去哪里寻找值得信赖的锚呢？当然要去道德中找——不管遇到多么猛烈的暴风雨，这个锚都会好好的。只有在神的法则的指引下，道德才会坚不可摧，其他的则都是虚无的。

毕达哥拉斯

害怕不幸的人，你已经是个不幸者了。一直害怕不幸的人原本就属于不幸者。

中国谚语

人的本性是追求充满活力的、无穷尽的精神力量。假如我们孜孜以求的是表面上的物质的幸福，那么我们就只能如同奴隶一样依附于其他人或不常见的事物。

爱默生

有人说："进入自己吧，这样你就会获得平安。"可是还有很多真理没有被涵盖在里面。

有人反着说："走出自己吧，把自己忘掉，如此去找寻幸福。"可是这也是有失偏颇的。

平安和幸福不仅不能在我们里面找到，也不能在我们外面找到，它们只存在于神中，而神不仅在我们里面，也在我们外面。

帕斯卡

对于精神力量强大的人来说，外界的阻碍根本不会损害他什么，因为所谓的损害只会让对方向丑陋和弱小的方向发展——因受到重重阻碍而气愤不已的动物就是这样。对于精神力量强大的人来说，所有阻碍都只是刚好可以让其道德上的美和力量都增加一些。

马可·奥勒留

一切源于上帝因此一切皆福利，恶事只是我们由于目光短浅而看不见的福利。

有这样一部分人，他们觉得恶只能从自我中找到，和他们所体验到的幸福和安宁相比，外界所带给他们的恶根本不值一提。

战争的可怕并没有让人在战争面前望而却步。原因是对于战争，人们总结出了一个奇妙而含糊的结论：既然这么恐怖的事情被允许存在，那么其背后也许有某种不为人知的原因，而且这个原因无法规避。正因为这个结论，本来纯良的人们对战争的人为性只字不提，而错误地认为战争是世界本来就应该有的现象，而且他们还努力去寻找战争有利的方面，进而给战争披上好看的外衣。

本世纪末我们一定会和灾难狭路相逢，尽管人们害怕不已，却没有产生什么思想活动，可是我们却必须有所准备才行。最近二十年（不，抑或说最近四五十年）来，科学都在致力于破坏性武器的研究。因为发明了这类武器，更大范围内的战争——民族与民族之间的战争开始爆发。为了杀人，人们开始没来由地憎恨其他民族。为了所谓的领土的扩张、殖民地的利害关系以及贸易上的往来，善良的人开始采取粗暴的战争行为和其他民族相互争斗。

人们被一些响亮的口号错误地指引，以为战争就是自己的使命所在，甚至祈求神祝福这样的流血事件，如温驯的羊羔一样赶赴战场。尽管他们知道，他们的妻子要独自待在家乡，孩子们会饿得直哭，他们依然大踏步地迈向战场。尽管温顺的人们并不是没有实力，只要他们团结在一起，粗鲁的奸计一定会被完善的思想所打败，他们却还是毫不犹豫地迈向战场。一边把自己辛辛苦苦种植的作物糟蹋掉，把自己创建的城市摧毁，一边高唱凯歌奔赴战场。

罗德

对于日俄战争当时的情况，有位目击者是这样跟我们描述的："那个场景真是太恐怖了。空气中弥漫着难闻的血腥味，甲板上处处都是鲜血、无头尸、被炸掉的手脚、肉片……司令塔是损害最严重的，只听上方一声榴弹响，年轻的指挥官被炸得粉身碎骨，只有一只手还握在机器上，他的四名部下也有两个被炸得粉碎，另外两个被炸成重伤。"

可是这只是我们看到的一部分情形，没有在战争中受伤的人则感染了脱疽或热病，对于身负重伤的人，他们也无能为力。

火灾、荒凉、伤寒、天花和饥饿，还包括脱疽或需要远离人群的化脓性传染病，它们一起让战争变得可耻。

这就是战争，可是约瑟·梅斯特却依然如此美化战争："在软弱的驱使下，人的心变得没有弹性，最终丢掉了信仰。而因为文明过剩而让人腐化堕落时，能让人满血复活的只有战争！"

还有一些官僚学者也认同这一观点。

沦为战争牺牲品的不幸的人们有权驳斥这种观点，然而让人扼腕叹息的是，他们并不具备让信仰坚持下去的勇气，所以才产生了一切邪恶。又因为他们无法对问题进行真正的了解，对于会威胁到自己生命的事，已然麻木和习惯，一心想着终有一天所有的一切都会变好，所以杀人行为得以继续猖狂。最后的结果就是海底到处都是沦为虾蟹美食的死尸。

如果他们周围的一切都被炮弹摧毁殆尽时，他们还能往好的方面想，觉得这是为了激发因为文明过剩而没有弹性的人心吗？或为了给同时代的人带来幸福和快乐吗？

佩雷斯·加尔多斯

相比过去的所有战争，今日的战争要恐怖得多。那位天才杀人将军、高明的战术家摩尔托克（Moltke），在回答和平者的质疑时，竟然用了如下这样一段精妙的话：

"战争是神圣的：它是神的制度，是神的法则之一；人类所有杰出、尊贵的情感都是以它为支撑的，像公平、德行、勇敢、名誉等。总的来说，战争会拯救人于可厌的唯物主义中。"

于是四十万人被召集到一块儿，马不停蹄地前进，所有人都开始腐化堕落，不思考，不进步，不阅读，不研究，成为废物；以泥泞为床，惶惶不可终日。大家活得和家畜并无二致：他们在村里放火，在城里抢劫。人民因此丢掉性命，和其他的人肉集团狭路相逢则互相攻击，到处血肉模糊、死尸遍地。有些人则落下了终身残疾，最后客死在异国他乡，而自己的至亲则在家乡饿死——所有这一切竟然被荒谬地认为可以拯救人于可厌的唯物主义中。

莫泊桑

现在已经不是对战争的危害进行讨论的时代了：这方面的事已经没什么可说的了。现在只剩下一件事：我们要从哪里做起？也就是说，我们认为不该做的事，我们坚决不做。

人的良心这样诉诸人——战争是一定存在的说法的荒谬性已经被战争的存在本身予以了很好的说明。它还告诉人战争是应该被取消的。

对精神进行否定对神进行否定就是

七月七日

否定神也就意味着对自己的心灵和理性进行否定。

我在认识神和灵魂的存在时，并没有运用给出定义的方法，因为我如果运用这种方法，会对这方面的认识造成损坏。因为我不由自主地被吸引到这上面来，所以我对于这方面的知识毋庸置疑。

不管我采取什么样的方式和神接近，最后的结果都没有分别：我的思想和理性的源头、我的爱的源头，还包括我的形体的源头无一例外都是神。

有关灵魂的认知也是如此。对于我自己的灵魂，我不仅可以从对真理的梦想进行了解，也可以从自己对善的爱来进行认知。

即便是完完全全的无神论者，不管他是否愿意，他都必须承认神，因为那里存在自己的生活法则，他不可否认——这个法则他是否服从，他可以自由选择。这个人必须承认的法则就是神的法则。

在美好的思想中，忠诚的言语中，还有不失偏颇的行为中，我们都可以找到神的身影。世界的幸福和永恒也是神所赐予的。

神的存在性无须我们证明，我们也没办法证明。对神的存在性进行否定是癫狂的，试图证明神的存在性的所有尝试都是亵渎神。神存在于我们的良心中，我们的意识中，包围万千的宇宙中。在悲喜最严谨的时刻，我们的良心或我们的意识就会把神激发出来。假如一个人在繁星闪烁的星空下，在心爱之人的墓碑旁，在看到殉道者被处以极刑时依然能面不改色，那么他要么是可怜至极的人，要么是罪恶滔天的人。

约瑟夫·马志尼

在某种东西的意志的带动下，这个世界的生活随之运行，而在全世界的生活和我们个人的生活的带动下，这某种东西又以此来完成他自己的杰出工作。这位杰出的工作者就被我们叫作神。

人不信神只有一种情况，那就是相信背叛神的道路是真的。

爱的真谛

有一种感情人尽皆知，它可以把人类生活的所有冲突都解决掉，进而让人类获得最大的幸福——这种感情就是爱。

精神上不快乐时，我们应该怎么抑制呢？首先就是要做到谦卑。只要你对自己的弱点了然于心，那么即便别人指责我们的不足，我们也不用觉得很生气。那些人尽管说了一些不太好听的话，可是他们所说的是对的。然后我们必须时刻保持清醒（审判）的态度，也就是回忆自己的过往——如果可以做到这样，那么不管对方怎么吹捧自己，也不需要一定改变对自己的评价，而且还能清醒地意识到即便他人有做得不对的地方，也是因为自己曾经这样做过。接下来我们要做的最关键的一件事情就是原谅别人。对于给我们造成伤害的人，羞辱我们的人，我们不仅不应该仇视他们，反而应该对他们友善一点。要想让我们不再生气，善行是仅有的一种方法。即使你无法左右他人，你在感情上获胜了，最起码你抑制住了自己。不管怎样，生气是起不到任何作用的。

卢梭

不懂善的人是真真没有价值可言了。任何人都可以拥有普通意义上的财产，而真正的财富只有善，只有"善"才能给你带来幸

七 月 | 021

福，对所有宗教教义的研究都是不值一提的。最关键的就是要走正轨，反复思考，真正去做善事。心存善良的人不会误入歧途、痛苦的境地。心存善良服务于大众的人是不会被任何恶所捕获的。只要时机一到，穷人就会摇身一变，成为富人，可是心存恶念的人会永远陷于贫瘠中，在他们身上，你不会看到这样的变化。

印度经典

死亡会被爱打败，因此死亡会转变成虚无的幻觉；因为爱，人生变得有价值，幸福也就从不幸中衍生而来。

只有把沉默、真诚而善良的香油拿出来，伤口里的毒针才能被拔掉。为什么你要气愤于他人的恶念、妒忌、奸诈和忘恩呢？要想解决问题，最简便的方法就是把这一切都抹除掉，鄙视、争吵和处罚都不会让问题迎刃而解，它们只会让你的心灵深受困扰，你必须找出远离这些恶的方法。物质界的一切都会因为火而得到净化，而精神界的一切则会因为爱而得到净化。

卢梭

假如你没有意识到对待所有人都应该抱以亲切、温和的态度，那么你对所有人的态度就会变成无意识的无情。

罗斯金

爱告诉人们要无私，所以爱会拯救人们于苦海中。

爱和人所受的苦恼是成反比的，爱得越多，你的苦恼就会相应减少。人生必须是不失偏颇的活动，而这只能出现在爱中，才有可能去除所有苦恼。爱连接个人的生活和世界的生活，爱的链条一旦断裂，苦恼的滋味就会袭上心头。

当你觉得自己整日生活在痛苦中时，当你对他人和自己都觉得害怕时，当你难以做决断时，你最好这样跟自己说："把爱倾注到所有和自己一起生活的人身上吧！"而且最好能尽可能地去践行。假如真能做到这样，所有事情都会烟消云散，你也会觉得轻松无比，而且你会不再害怕，变得无欲无求。

知识

七月九日

对于博学的价值，不要过分予以褒奖；最关键的是要看重知识的质，而不是知识的量。

尽管苏格拉底认为愚笨和明智是很难并存的，他却没有把无知叫作愚笨，可是他觉得如果对自己或其他一切明明是无知的，却偏要看作是知的，无疑是不理智的。

我们如今所生活的时代充满了科学、知识和哲学，看上去，为了给我们指点迷津，所有学问好像都融会贯通到了一起。小学、中学和大学随处可见，很多大图书馆也向社会公开，从小我们就有机会去学习先贤们传承下来的思想。这些地方被看作是启迪我们的精神，加固我们的理性的机构。可是，我们确实变好了，也变聪明了吗？我们难道真的对自己要走的道路更加清楚，对自己肩上的使命更加了然于胸吗？我们难道真的深入了解了我们的使命是什么吗，特别是人生的幸福又是什么？从这所有没有实际价值的知识中，我们所得到的就只有妒忌、憎恶和迷茫，别无其他。

宗教上的教义或宗派都各执己见，证明只有自己所掌握的真理才是唯一的。所有的作家都觉得有关人的幸福，只有自己才真正明白——可是他们中的一些向我们证实的无非包括这些：肉体是虚无的、精神是虚无的、精神和肉体之间是没有关联的，不管怎样，人只是一种动物、神只是一面镜子罢了。

卢梭

有些人明明知之甚少，却觉得自己无所不知。也有极少一部分人虽然一点儿都不了解终极目标，可是却非常清楚自己的无知。相比之下，后者要远远优于前者。

梭罗

通过自己的安静思考，很多不需要的阅读都可以被规避掉。

"阅读"和"学习"能画等号吗？有人说正是因为图书出版得太多了，内容质量也大不如从前，这话其实是有一定道理的。书读得太多反而会损害思想，在我所研究的学者中，我发现那些书读得最少的人反而是最杰出的思想家。

如果世界上所有人都不只限于学习思考什么，也学习怎么思考，那么我们就可以规避掉所有不真实的知识了。

利希滕贝格

无知并不可怕，可怕的是那些不真实的知识。虚假的知识才是引发世界上所有恶的源头。

相比之下，一个人能藏拙要比表现自己的聪明高明得多。

为了完成道德，首先要做到心灵的纯净。而心灵要想保持纯净，只有当心灵把真理当作追求的目标，意志把神圣境界当作目标时才有可能实现。而这一切又离不开一个人的真知灼见。

孔子

因为读书，智力可能会增强，也可能会减弱，这就像我们所呼吸到的空气是清新的还是污染的，会对我们身体的强弱产生决定性影响。

罗斯金

只有被人质疑的知识才会是爆发争论的知识。

没有信仰的人

七月十日

在我们的世界，俗论每每被真正的信仰所取代。

神并不是我们大家所信的，而是被用作侍奉神的工具之虚礼，抑或说自己所接受的一堆虚假的知识才是大家所信的。

最常见最主要的否定神的存在的方法就是全盘认可舆论的科学性，而对于"神意"则不让其具备任何价值。

> 罗斯金

每个人都被神赋予了选择"真理"或"安稳"的权利——我们没办法两者兼而有之，只能二选一。人总像钟摆一样在这两者中间摇摆。选择安稳的人肯定会接受他们的父辈所信仰的东西，会朝着他们最早触及的信仰、哲学或政党前进，之后他们认可安稳、福利以及社会的尊崇，却拒绝真理。

> 爱默生

很多人之所以陷入恶和不幸中，都是因为他们对自己的义务不清楚（包括弄错自己的义务）。

早在很久以前，神的法则已经变成了处世哲学的法则。这种处世哲学看重的只是利益，对善行和高尚的道德感所带给人的欢愉并不看重。没错，假如按照我们祖先的说辞，我们是遗忘了神。假如用现代的话来说，对于宇宙的事实，我们并没有真正了解，我们所看到的只是存在于事物表面的、转瞬即逝的现象，而对于事物的永恒性我们却置若罔闻。

卡莱尔

教会也好，国家也好，社会也好，都让年轻人的思想在某种模式中形成。可是一定要把新时代的个性展现出来时，形成于那些模式中的年轻人的思想已经僵化，无法再认可新的东西了。

露西·马洛丽

信仰并不取决于人数的多少，对信仰一无所知的人才用人数来对信仰的真实性进行权衡。

否定神的存在的社会的结局将是难以预料的。因为在这样的社会里，大家都觉得是若干偶然现象和虚幻现象组成了这个世界的秩序，所以不管再出现多么少见的偶然事件或虚假事件，大家也都会见怪不怪了。就算生活中出现了再惨不忍睹的事件，他们也觉得那再正常不过了。

卡莱尔

整个社会之所以都生活在虚伪和不幸中，最主要的原因就是上层阶级的人所过的生活是缺乏宗教信仰的。他们为了弥补信仰的缺失，采取了多种方式，有的人热衷于宗教的表面形式；有的人大放厥词，说自己没有信仰；有的人信奉弱不禁风的怀疑主义；有的人大力宣扬回到希腊人对美的尊崇；有的人甚至认为利己主义的存在是合理的，并将其归入到宗教的教义中，等等。

　　如今大家之所以过不好，究其根本就是现代大部分人都把宗教信仰弃之一旁了。

所谓真正的慈悲，就是强者用自己的劳力提供服务给弱者的慈悲。

施舍被认为是一种善事的前提是被施舍的物质是经过千辛万苦生产出来的。

俗话说："没有付出劳动的手是悭吝的，付出了劳动的手才是恩泽厚重的。"在十二使徒的教义中也可以找到这样的话——用你满是汗水的手来布施吧。

人类之所以拥有力量，其目的是为了帮助弱者，而不是为了欺负他们。

罗斯金

有人有求于你什么东西，你就给他；有人抢走你的东西，不要再讨要回来。你们希望别人怎么对待你们，你们就要先怎么对待别人。

《路加福音》6：30～31

虽然你的东西给了别人，可是到最后那件东西还是你的，你一直握在手里不放的东西其实早已经不属于你了。

东方智慧

　　一个人毫无保留地把自己的财产都分给他人后受到极力称赞，可是他却说，"我一点儿都不值得称赞，我其实什么都没做，我只是来到一条必须要渡过去的河边，为了方便脱掉了自己的衣服，怎样从这条河游过去才是问题呢！"

　　假如富人想确实拥有慈悲心，他就必须马上舍弃做富人。

精神的源头

七月十二日

在人生的所有现象上，我们都将找到万物被赐予生命的精神源头。

所有人都深知，而且被牢牢镌刻在我们心坎上的真理是：只有善和美才会把人会聚到一起，而恶与丑只会让人分离。

任何坏事都不能经由我们的口说出来，因为只有做那件坏事的人才会受到惩处。我们的生活是融为一个整体的，所以发生在我们之间的恶是会蔓延开去的。我们所行的恶就如同我们的孩子，它们会摆脱我们的意志自成一体，并产生行动。

乔治·艾略特

我相信人努力的目标往往是自己的利益（而且觉得那好像是水到渠成的），事实上，我也相信要想在俗世中生活，这是不可或缺的，就好像官能是为了保证我们肉体的存活，可是我们不能为了一己私利而牺牲掉千万人的幸福，神让所有人的利益都紧密联系在一起。

利希滕贝格

所有人都无法凭借一己之力抵达真理：人必须通过漫长的岁月

和所有人一起共同努力才能抵达真理的巅峰。

尽管人的生活是自转的轮子，可是这个轮子却因为它无穷小的旋转向各个方向转动，之后再往新的、无穷大的轮子里转动。

爱默生

尽管从表象来看，我们是自成一体的，可是从内在来说，我们却是和万物都分不开的。

某种来自精神世界的东西的震动被我们所感知，可是"那种东西"本身离我们还很遥远。尽管它还没有出现在我们的视线中，可是就如同光波经由远处的星星向我们流动一样，它也正在不停地流向我们。

禁止用现行制度为自己的行为辩解。现行制度不是一成不变的；它应该一直变化，从坏到好的转化。并且这个转化只由于我们拒绝现行制度才可以完成。

当发展的少数人掌握一代人的生活时，勉强地领悟到，他因何能这么舒适的生活，当日夜工作的多数人不完全领悟工作的所有利益时——对于其他人，不论是这些人还是其他人都认为这是自然制度，——人类恐惧症的世界能保持。人们经常采用偏见，习惯作为本能——那时本能不使他们难受。但是当他们一旦明白了，他们的本能是胡扯——事情结束了。那时候只有力量可以强迫去做人认为是荒谬的事情。

赫尔岑

所有我们努力预防和制止犯罪使用的慈善机构，所有我们的惩治法律，所有我们的制约和禁止——它们是什么，在最佳的情况下，就像傻瓜的臆造，这个傻瓜把所有货物从驴的一面装进篮子，然后决定帮助可怜的动物，从另一面装上同样多的石头在篮子里。

亨利·乔治

可恶的贫穷布满我们文明的中心，其衍生出的犯罪、淫荡和掠夺，是我们的关于土地的法律的结果，不希望知道公平的简单法律的人，哪怕这个法律是这么简单明了，就连野蛮人里最蠢的人都承认它。一些人用特殊财产造成的自己的自然界的成为我们的与生俱来的权利的和自然法律效力内的应该成为总额，从其中补偿所有我们的社会需求，我们给予不多的人，好让他们统治自己的兄弟们。一些人饱食着，同时其他人饥饿着，并且物资更多的是被浪费，以保持所有的奢侈。

亨利·乔治

英明的消费比英明的生产难得多。二十个人费力生产，一个人轻松消费，不论是对于每个独立的人还是对于整体群众，生活的问题不在于他生产了多少，而在于这些产品用于哪里消费。

人们通常断定，个人的实际行为完全无力影响现代工业的宏大系统或生产和商业方法的改变或是延阻。

我深深考虑左耳进右耳出不对世人的智商产生一点影响的大量的聪明的对话，偶尔感受不可拒绝的愿望，尝试整个剩余的人生用在沉默地做我认为明智的事情，并永不多言。

约翰·拉斯金

我们不应该向往这种人民生活的理想标准吗？在这种理想标准下沿社会楼梯阶梯的攀升将与其说诱惑更好的人不如说使其害怕。

约翰·拉斯金

我们最近一段时间很多的学习并完善文明的伟大发明——分工，只是我们给了它虚假的名称。正确表达，应该说：不是工作分开了，而是人们分成小部分人群，拆分成小堆小块，那么人类中保留的一小部分思考力不足以制作完整的大头针，完整的钉子，用于制作大头钉的尾端和钉子帽已经耗尽了。的确，每天制作很多大头针很好，但是如果我们能看到，我们用什么样的沙子抛光它们——人类灵魂的沙子，那么我们就会想这也不是划算的。

可以桎梏，折磨人们，像奴役牲畜一样奴役他们，像杀死夏天的苍蝇一样杀死他们，无论如何这些人在一定的意义上，在最好的意义上可以仍然是自由的。但是对他们不死的灵魂施压，扼杀他们人类理性的萌芽并使之变成腐烂的切块，消费他们的肉和皮做皮带，好让机器运转——这就是真实的奴隶制。就是这样的屈辱和把人变成机器迫使工人们疯狂地，破坏性的且徒劳地为了他们自己并不明白其存在性的自由斗争。召唤他们反抗富有和主人的愤恨不是饥饿的压力，不是屈辱自尊的刺痛（这两个原因一直产生自己的作用；但是社会的基础从没有被像现在这样撼动）。问题不在于人们吃的不好，而在于他们没有从用于挣取面包的工作中感受到快感，因此他们看待财富就像快感的唯一方法。

问题不在于人们由于高等级对他们的蔑视而难过，而在于他们不能经受对于他们感受，他们被判处的劳动，侮辱的劳动，使他们堕落，让他们不再像人，不能忍受自己对自身的蔑视。高阶层从来没像现在这样对低阶层表示那么多的关爱和同情，而与此同时他们从来没像这样被他们痛恨。

约翰·拉斯金

如果国家在理性的基础上管理，那么如果有贫穷和贫困就要为此感到惭愧；如果国家在非理性的基础上管理，那么就要为富有和尊敬感到惭愧。

中国智言

　　对于上帝法律的实现，就它解释给我们的，需要我们的努力，而且由人们来做这个努力，并且不管多慢，我们正在接近实现它。

神的世界

神的世界在人间实现的程度如何，取决于在人间，神的法则被了解多少。

假如所有人的当务之急就是追求神的世界和神的正义，那么贫困就会无处遁形了。换句话说，假如所有人都愿意遵守神的法则，并真心实意地去践行这个法则所带来的使命，大家就可以摆脱贫困。

贫困产生于不正和贪欲，是对人类神圣义务进行严重亵渎的产物，而且也来自对恒久而广泛的义务进行破坏。当我们的良心变得木讷时，我们就会混淆真正的义务和世俗的法则。可是神的国度终究会到来的吧。神的法则将让我们世界的面貌焕然一新，将让人类百分之七十五的人群摆脱如今的赤贫状态；世界将变成精诚合作的同胞们所居住的地方，而不是仇敌相互厮杀的地方；孩子们会受到最好的教育，从本质上去除恶，并在废墟上创建神的家园。

拉梅内

当表面的、无知的信仰真正演变成具有广泛性的、科学的、知性的宗教这个基本原理，进而被公开认可时，我们才有确实的证据肯定地说如今我们已身处神的世界。虽然天国和我们相距无穷远的距离，可是在这个原理中却包括有净化世界、对世界进行掌控的所有东西，就好像是诞生新生命的胚芽。

宇宙的生活一成不变，为了达到理想的世界，我们必须持续不断地努力并且拥有足够的耐心。

康德

人类的最后希望和宗旨就是在地球上实现神圣世界。尽管因为基督，我们和这个世界距离更近了，可是大家对他的认知并不多。我们只是在世界上创建了僧侣的王国，而没有在自己的内心深处创立神的王国。

康德

终有一天，只是用诗化的语言、富贵典雅的气氛来引发人的关注的宗教仪式或口头上的礼拜，还有被认为是一定会出现在人生的专制的社会组织，都会因为大家更深入地了解人类生活而被清除掉。终有一天，我们将不再盲目信仰神，将因为践行神的法则，帮助邻人，将人从受苦受难中拯救出来，实现基督所说的爱，而且从内心深处升腾起真正的宗教的诗情，这也就是在地球上实现天国的时候。

我们必须完成一件很重要的事，那就是在认识宗教时要从真正的意义这个角度去认知；我们要的是用正确的合理的态度去对待人类生活，而不是用咒文和欺骗。没有祭司或牧师，我们同样可以得到神秘的超自然的东西。宗教就是爱神和邻人，为了邻人和众人的幸福，甘愿付出自己，而做善事就是把自己奉献给邻人和众人。

神的王国就在你心中，所以也从你自己的内心去找天堂吧，这样一来，其他所有都不是问题了。

虽然我的肉体生活和死、痛苦都脱不开干系，可是我的精神却不被死和痛苦所约束。

所以，只有将自我意识过渡到精神的"自我"之中，让自我意识和神的意志结合在一起，我们才能摆脱痛苦和死。

了解世界有两种方法：

第一种就是借助五官的认识方法，这种方法相当粗鲁，却是我们必须要用到的。通过这种方法，我们所得到的往往只是不太正确的感觉，出现在眼前的是模糊不清。

第二种方法是通过爱自己来了解自己，而且因为爱自己以外的其他一切来了解这一切——了解的对象有人类、动物、植物，甚至包括岩石、天体等。通过这种认识方法，我们可以从内部来了解全世界，可以对不同存在物之间的关系进行认识，有了这样的了解，大家才能形成科学的世界观。

所有存在物的结合被第一种方法损坏以后，这个方法才得以重建；这个方法的基础是爱，所以才能从自己走出来而进入到其他一切之中，也才能和神相融合，和万物相融合。

……可是只要成全你的意思就行了，不要成全我的意思。

*《路加福音》*22：42

……可是只要遵从你的意思就行了，不要遵从我的意思。

*《马可福音》*14：36

……可是只要依照你的意思就行了，不要依照我的意思。

*《马太福音》*26：39

认识神是唯一一件至关重要的事。所有情感、所有心智的力量，所有外部的认知方法——这所有的一切都只是抵达神的空隙，只是对神进行膜拜的方法而已。和所有终将会消失的东西划清界限，只站到永久的本质的东西这一边，其他的就当我们欢快地暂借的。你的道、你的使命、你的幸福和你的天职就是膜拜、领悟、接受、加入和行动。来的就尽管让它来，即便是死亡也不退缩。让心灵保持平和，和神相融；在神的面前好好活着，而且为了指引自己的生活，要求非常激烈的永久的力量。死亡没有降临到你头上当然是好事，可是当死亡降临到你头上时反而更好；死亡堵死了你走过来的路程，而只是让你看到伟业、自我否定、道德的伟大诸范畴。总的来说，你不可能摆脱神，你必须领悟到你的旅伴一定要是神。

卢梭

道德上的苦恼到底有什么价值呢？所有的东西不都是转瞬即逝吗？我们必须秉持什么样的理由对什么事物怀有浓厚的兴趣呢？

时间是空的，可是如果神就在今天出现了，你的生活就会变得充实起来，今天一天相当于百年。

卢梭

人越是多思考，多感觉，多渴求，就越清楚生活的中心不是在思想、感情和意志中，也不存在于意识中。因为尽管也可以从方法中得到道德上的真理，可是它又会快速消失。我们的本体、本质和本性都必须要从深于意识的地方去探寻。只有在有意或无意中，而且自发地借助我们本身开创出来的、抵达我们内心的真理才能变成我们真正的生活，也就是变成我们真正的"我"。当我们觉得真理和我们之间还有某种缝隙存在时，我们就还没有进入到真理中。所有这一切——感情、思想、欲望、意识，都还不能称之为生活。

实际上，所谓的和平和安宁，我们只能在永久的生活中才能找到。所谓永久的生活就是神的生活，即神本身。和神过一样的生活——从这件事中，我们才能找到生活的最终目标，也就是说只有这时我们才会拥有真理，因为真理不仅不在我们之外，也不在我们之中，而是我们和真理相互形成。这时，我们和真理就是等同的，和神的意志、神的事业也是等同的。这时，我们的本性就是自由，我们通过结合爱与神，和神携手开创，进而得到存在的一定性。这时神的养育告终，开始神的祝福；时间的太阳西落，表现出来的是永久的祝福的光辉。

卢梭

假如想要认识宇宙"大我"，第一步就是先认识自己。为了认识自己，就必须把自己供奉给宇宙大我。假如想过精神生活，就必须把俗世生活舍弃掉，使自己的思想不和外界的事物有任何瓜葛，躲开外界的所有提示，远离所有会给灵魂带来阴影的物象。

你的影子转瞬就会消失，可是你的内在却有一种永恒的东西，也就是对神的认识力量（大彻大悟的力量）存在，那是固定的，不会因为人生而发生改变。这个永恒的东西就是本体，不管是过去，还是现在和未来，这个本体是一直都有的，和时间是没有关系的。

　　作为动物性存在的"自我"的我们幸运与否，是被神的意志所掌控的，游离于我们的意志之外的东西，可是作为精神性存在的"自我"之善恶则和我们对待神的意志的态度息息相关。

闲聊与闭口不言

七月十六日

　　安逸和懒惰的滋生和蔓延，最厉害的"功臣"就要数闲聊了。对于普通人来说，沉默不语是很难做到的，为了排遣因为懒惰所带来的无所事事，最好的方式就是闲聊，要不然人们是会崩溃的。

　　语言的巨人，行动的矮子。圣贤一直担心的一件事就是自己没有践行自己所说的话。
　　为了避免出现语言和行动不协调的局面，圣人一句空话都不说。

中国智慧

　　说话之前先思考一下，可是要记得及时闭嘴，以免被人说你是话痨。人之所以高于动物，就是因为你会说话，可是如果不合理使用，就会变得比动物还低一等了。

波斯智慧

　　如果一个地方连天使都不敢进去，而你却敢擅自闯进去，那么你无疑就是愚者了。

假如你想和愚者一样，那你就和愚者针锋相对吧。

虔诚思想

总是闭口不言的人和神更容易靠近，而闲聊和排遣以后出现的总是寂寞和烦躁。

在我们第一千次后悔自己所说的话时，是否后悔过一次应该沉默不语？

保持沉默的人其实是语言能力最强的人。

卡莱尔

从闭口不言中更能感受到深层次的快乐。

暴力鄙视共同协作，这是古代社会建立的根本，可是到了现代社会却要完全反过来，其成立的根本是推行共同合作，否定暴力。

你们听到过这样的话："以眼还眼，以牙还牙。"我却要跟你们说，和恶人针锋相对是不明智的，当有人打你的右脸时，你要把左脸也朝他转过去。

《马太福音》5：38～39

擅长任用人才的人一般是谦逊的，这是和天道相吻合的，就是常说的"无抵抗"的道德。

（这句话的原文："……善用人者为之下。是谓不争之道……是谓配天之道。"）

老子

假如我们置人的理性于不顾，觉得只有通过暴力这种待人的方式才能引导人，那就相当于把眼罩套到马的眼睛上，然后让它老老实实地围着圆圈走。

我们常说有教养的人，也就是自由主义者、学者、革命分子等，他们是敢在暴力面前仗义执言的人（对理性的人来说，这是很自然的事），他们对人的自由和价值进行强调、批驳并阐述。可是这些都发生在他们被纠集到一起被束缚以前。只要一吹响哨子，所有的言论、自由主义、有关自由的探讨就烟消云散了；这些人不得已穿上制服，手拿武器、跳、立正、转圈、戴帽、敬礼、高呼万岁，特别是一声命令以后，他们恨不得马上连杀父的决心都有了。

那些有教养的人如今就是这样一副情形，过去他们提倡人有共同合作的使命，可是最后他们却打了自己的脸。

假如要想带动人类前进，只有依靠暴力，那么理性的存在又有什么意义呢？

当我们被强迫使用暴力时，必须先用理性思考一下，这样我们才不会臣服于舆论，才能在精神上一直保持胜利的姿态。

相信永恒的生命，人们只有相信生命起源为神的才能是永恒的。

违反法律的人想，死亡已经完全结束他的生命，这种人能屈从于一切罪恶。

《法句经》

在我们的灵魂内躺着不死本能的胚芽。它躺在看着在这个世界上我们存在的缺陷的理性中，为了达到我们的目的要求继续完善的缺陷。这个胚芽——在我们的渴望里是幸福，那么强烈，在这个世界上它永远也不会被满足。这个胚芽——在对善良的爱里，当我们培育它的时候在我们内心唤醒对完美境界和与完美结合统一的渴望。

钱宁

人会认识到，他只有在认识到他从来没有出生过，而是一直存在与过去，现在和将来，那么他才不会死亡。

人只有在明白他的生命不是波浪，而是在这个生命中只表现为波浪的永恒运动时才会相信自己的永生。

考虑死亡没有什么，但是需要因为死亡而生活。整个生命因为死亡而成为隆重的，有意义的，真正有成效的和喜悦的。它成为这样是因为它可以在任何一分钟终止，因为由于死亡就不得不为了不死的生命（就是说为了上帝）而做需要的事情。而当这样生活的时候，生命成为喜悦的，并且没有存活一个动物生命的人们对死亡恐惧的扫兴。死亡的恐惧和美好生活是成相对比例的。在神圣生活的条件下这个恐惧为零。

　　相信生命不是由出生开始死亡结束的人比不明白这些且不相信这个的人更容易过美好的生活。

简朴

确实有益善良的，又因此变得极其伟大的事物往往是单纯的。

把真理体现出来的话是单纯的。

人性本善，所以所有的善都是不明显的、单纯的。

通常是那些单纯的民众拥有人类的真正生命。

人类生活中真正称得上伟大的人几乎都是一些默默无闻的人，甚至有可能现在我们眼前就有人在安静地做着最伟大的牺牲，孕育着最杰出的思想，可是我们却往往不闻不问。我相信做这样伟大的事情的人都是一些沉默寡言的人、正是这些所谓的庶民最敢于去承受苦难；他们往往都拥有单纯的诚实、牢不可破的信念、博大的心，而且更值得一提的是，相比富足的人，他们更知道生死的正确意义是什么。

伊凡·蒲宁

人只为满足衣食的需要其实一点都不多，剩下的都应该拿去帮助别人。

东方智慧

人们的力量源泉是生活、言语和习惯的单纯，可是铺张浪费的生活、粉饰的言语和颓废的习惯却会把他们带向消亡。

罗斯金

就算观点再清楚，经过烦琐的讨论往往也会变得不清楚。

西塞罗

假如你想发现值得效仿的范例，那么就深入到平凡的谦卑的普通民众中去吧。只有在他们之间，你才能找到不炫耀，而且自己根本无所察觉的伟大。

对于生命存在的怜悯招致我们类似于肉体疼痛的感觉。所以怎么可能对肉体疼痛冷酷，同样可以对怜悯的疼痛冷酷。

对所有生命存在的怜悯是在道德行为中的最忠实可靠的保证。谁是本能上富有怜悯心的人，他可能谁都不会欺辱，不会伤害，不会让人难过，不向任何人追偿，每个人都原谅，由此所有他的行为都会印上公平正义和博爱。不论谁说：这是个道德高尚的人，但是他不懂得怜悯，或者：这是个不公正和凶残的人，但是他很有同情心，——您会感觉矛盾。

叔本华

人们啊，别再让不允许的食物玷污自己！
你们有五谷杂粮；在重担压力之下
多汁的绯红的果子低下树枝；
一串串成熟多汁的悬挂在藤上；
柔软的美味的根茎和青草在田野里成熟；
其他那些更粗糙的——热火软化它们并让它们香甜；
纯净的牛奶和芬芳的甜蜜蜂蜜的蜂房，
什么散发着香草的气味——百里香，

没有禁止你们。土地在慷慨地推荐所有的福利；
没有残忍的杀害不见鲜血，
它给你们准备美味的菜肴。

只有野生的野兽
用动物的肉来满足饥饿；
就算这样也不是所有野兽：
马，羊，牛——要知道它们和平地吃草。
只有凶残的猛兽的种群：凶猛的老虎，
残忍的狮子，贪婪的狼、熊
乐于见到鲜血流出……
那是什么犯罪的习性，
那是什么可怕的卑鄙行为：用肠子消化肠子！
是否可以用我们类似的生物的肉和血养肥自己贪婪的身体
用残杀其他生物——用其他生物的死亡维持生命？
我们被富饶的土地如此慷慨的赠予包围着，
土地就像哺育我们的母亲，我们周围不是动物，而是人群，
贪婪地带着愉悦用凶残的牙齿把遍体鳞伤的尸体撕碎扯断成
碎块，
就像凶残的野兽？
难道说不牺牲别的生命就不能满足吗，
人们啊，你们的饥饿不是强烈的，肚子的贪婪填不饱吗？
曾经保留下来的传说——金色世纪，不是白白这样称呼的；
生活过幸福的温顺简单的人们；
曾经用地上的果子就能满足并吃饱，双唇没有鲜血亵渎。
并且鸟儿那时候安全的冲破天空绕圈；
胆怯的兔子无畏地在田野里漫步；
鱼儿那时候没有成为信任的牺牲品而挂在鱼竿上；

没有狡猾的圈套和捕兽夹子；

谁也没见到过恐惧、背叛和愤怒。

到处都是和平统治。

如今它在哪呢？你们由于什么得到了自己的死亡，可怜的绵羊，

温顺善良的动物，给人们承担福利？

你们慷慨地用丰富的乳汁哺育我们并用柔浪温暖我们。

你们啊，谁的幸福生活比你们凶残的死亡更对我们有利呢？

犍牛啊，你犯了什么错，命中注定是帮助人们的，

你是顺服温顺的伙伴和庄稼人的朋友。

怎么能忘记感谢，怎么能决定残忍的手把锋利的斧头放在听话的柔顺的脖子上，

哪怕这个脖子已经被繁重牛轭磨破？用劳动者的热血染红曾给予收成的土地母亲？

人们啊，你们卑鄙的习俗太可怕了，你们的道路滑向犯罪！

对于谛听临死前可怜哀鸣的人来说杀人不难，切割无辜的小牛，

谁杀死小羊，它的微弱的哀号也是和小孩子的哭泣相似的，

谁为了消遣击打天空上的食物，或者故意自己亲手豢养——吞食着！

在你们习惯性的残忍边上站立着血腥的野蛮行为！

哦，放弃吧，清醒吧，我恳求你们，兄弟们！

不要用杀戮使庄稼人的犍牛同犁杖分开；

让忠诚服务你们的它不要横死；

不要消灭无助的族群；让它们用柔软的绒毛给你们穿衣取暖，并且慷慨的用自己的乳汁哺育你们，让它们在你们的牧场安静地生活，平静地死去。

扔掉圈套和捕兽夹子吧！不要触碰天空中的小鸟；

让它们无忧无虑地飞舞，给我们唱关于幸福和自由的歌曲。

扔掉复杂费解的网，带有致死诱饵的鱼钩吧！

不要用阴险欺骗的方法捕捉轻信的鱼儿，

不要让鲜活动物的血在人类双唇间流淌；

濒死的——顾惜它们的死亡吧！

食用合理允许的食物，——对于人类纯净灵魂充满爱的合适的食物。

奥维迪乌斯

生命中是实现宗教进行的第一个条件——对于所有生物的爱和怜悯。

佛篇星际经

对动物的怜悯是这样同性格的良善紧密相关，甚至可以坚定地确信，谁残忍地对待动物，那么他不可能是一个善良的人。

叔本华

任何杀害都是丑恶的，但是以吃掉被杀死的动物为目的的杀害是比别的都要丑恶的。人类琢磨出来越多的杀害方式，就更集中注意力并努力做到怀着更大的喜悦吃掉被杀害的动物，让给被杀害的动物最大的美味，这种杀害更丑恶。

歌德斯坦

当你一看到其他动物受罪就感受到疼痛的时候，不要顺从第一动物感受隐藏自己的痛苦场面，逃离经受苦难的动物，而要跑近受苦难者并寻找方法帮助它。

爱表现了神的本质，爱是经不起等待的，它只表现在"现在"这一刻。

通常认为做善事就是爱的意义；对于爱，我们都是这样理解的，这是我们所能找到的最准确的解释了。

爱不只限于嘴上说说而已，爱是给其他人带来幸福的行为。

人如果找理由说为了实现将来更大的爱而把如今小小的爱的要求都一口回绝掉，他是在欺骗自己，他只爱他自己。

将来的爱是根本不存在的，因为爱这种行为只存在于现在；如果不在现在践行爱，就是没有爱的人。

对所爱的人给予关怀这类事情是不能犹豫不定的，我们也不要等到疾病或死亡给我们或他们带来威胁时。人生是极其短暂的，在这匆忙的旅程中，我们要让我们的同行者心情愉悦，时间已觉得不充分。让自己变成善良温和的人是当务之急。

卢梭

暗暗地给那些不幸的人提供帮助吧，不需要让他们知道他们的恩人是谁，只让他们从内心深处接受这份恩惠就行了。

虔诚思想

即使被世人指责，你也依然要去做善事，总好过做恶事而受到世人的夸赞。

洛迪

神的所有法则都可以在一件事，也就是"爱邻人"这件事中找到。所以爱邻人像爱自己的意思就是对法则进行遵守和完成的幸福状态。反之，辱骂邻人，仇视邻人毫无疑问就会让一个人被苦恼和"我执"所困住。

斯宾诺莎

爱分两种：

第一种爱只是单纯的对人，并不知道爱那在众人之中可以找到的唯一的精神源头。

第二种爱就是对前面所讲的"精神根源"。这两种爱的不同之处就在于：前一种爱只倾注给我们喜欢的人；后一种爱则是针对所有人，不管是我们喜欢的，还是不喜欢的。

前者爱的对象是会经常发生变化的，像妻子、朋友、丈夫等，因为我们所爱的对象在接连发生变化，我们的感情也会跟着接连发生变化。

后者则由于我们德行上的进步，我们会慢慢在众人之中清晰地了解到神灵的源头，并慢慢深刻地爱上。

斯特拉霍夫

　　对于一些无法弥补的事，我们经常会万分后悔地想起：我们会懊悔当时我们为什么会那样做？为什么我们当时不做好事？为什么不给求助者提供帮助？为什么不履行了义务之后再分享喜悦？

只有和生活相结合的信仰，才是真正的信仰。

因此只要听到我这句话就去做的，就像一个睿智的人在磐石上盖房子，不管遭遇风吹、雨打，还是水冲，房子都会稳稳地矗立在那儿，因为磐石是它的根基。而听到我这句话不去做的，就如同一个无知的人在沙土上盖房子，房子遭遇到风吹、雨打、水冲，就会倒塌，而且会非常严重。

《马太福音》7：24－27

诞生和死亡密不可分，凡是注定要死的，就意味着生命的开始。既然这样，我们就不要再抱怨无法规避的事了。生物过去的状态一片混沌，中间的状态很是分明，将来的状态则是难以预料的，我们烦恼什么呢？灵魂，有的人觉得奇怪，有的人觉得惊讶，可是没有一个人了解它。

你需要多大，天堂的门就只为你开多大。让你的心和神相对吧，同时认真指引你的行为，你的行为不要老是想着回报，只是去做就好，不要烦恼结果。

印度智慧

什么好处，我的兄弟们，如果谁说，他有信仰，但是没有行动，这个信仰能否拯救他？如果兄弟或是姐妹赤身裸体并且身无长物，而你们中的谁告诉他们：平静地走吧，穿暖吃饱，但是却不给他们身体需求的东西，是好处吗？同样的信仰如果没有行动，自身也是死掉的。但是有人说：你具有信仰，而我具有行动——给我看你的没有行动的信仰，而我给你看我由我的行动而来的信仰。

《以色列献诗》2：14~18、24、26

知道法律但是不执行它的人，类似于只耕耘不播种的人。

东方智言

你的心就是神的王国的栖息地，所以想要寻找天堂的话，就去你自己的内心寻找吧，这样一来，其他一切也就不成问题了。

要完成道德，努力是前提。

并不是所有人都可以了解圣人的生活法则，可是只要跟着它的步伐前进，慢慢就会懂得了。所有人都可以了解凡人的生活法则，而跟在它后面走的人则会越来越看不清前行的道路。

孔子

去做自己觉得应该做的事就是德行，可是一定不能变成习惯性。反之，一定要时时更新，必须随时从心灵深处对新任务提出新要求。

康德

就像巡逻兵要小心防范，守住关口、城墙的四周和内部，人也一样，要随时随地管好自己。特别是在和他人的关系上，千万不能大意；在人生的一个关键时刻迷失了自我，必定会陷入万劫不复的境地。

佛陀

不从自己身上找原因而一味苛责命运的人，就像不知道如何使用工具而只是对工具大加指责的人一样；他们责怪命运对自己不公平，一心只想要满足自我——这样的态度是非常恐怖的，让人丧失希望的。他们会这样说：

"假如我现在心情很愉悦，我就会很温和、亲切；假如我不是那么忙，我就会有十足的信心敬爱神了；假如我没有生病，我就会变成非常有耐心；假如我有途径，我就会干一番大事业……"

如果现在的境况不能被我们变成神圣的、善良的，那么什么样的境况才会被我们变成这样呢？

我们现在之所以陷入困境，是因为想让我们用毅力和关心去克服它；黑暗的境况之所以降临到我们头上，是为了让我们用神的光去照亮它；我们之所以陷入痛苦中，是因为想让我们用十足的信心去容忍它；濒临死亡的境地之所以降临到我们头上，是为了让我们把自己的勇敢展现出来。我们之所以会到达一个到处是诱惑的境地，是因为想让我们通过信仰来让它臣服于我们脚下。

马蒂诺

有人觉得最有价值的生活就是享有肉体方面的欢愉，这种想法是多么荒谬啊！肉体只是精神的徒弟而已！

梭罗

在面对我们自己的境遇时，我们总会觉得恼怒、伤心，而一门心思想要改变它。事实上无论你现在是何种境况，你都有现阶段应该做的事——当你身体健康时，你要努力把你的力量奉献给别人；当你生病时，你要努力不影响到别人。假如你是有钱的，尽可能远离它；假如你是穷苦的，尽力不要去求别人。假如你被别人羞辱，尽可能去爱羞辱你的人；假如你羞辱了别人，努力不要再去做恶事。

察觉内在法则

可以在人们心中找到的神之表现，也就是人察觉到的内在法则。

对比义务最纯粹的理念和从自己的幸福出发，只着眼于自己的幸福或只将自己的幸福考虑进去（一般都需要周全而睿智的考量）的义务观念，事实上前者要简单得多，也更加自然。如果你的思想是健全的，你就会肯定地说如果义务的观念不仅仅局限于自私的层面，它肯定会更加坚固、更加雄壮，也更加硕果累累。

知道某件事一定得去做——也就是有关义务的理念，事实上就是在人的内心里无限蔓延神的恩惠；这时人就会像预言家那样，会深刻地觉得自己身上所肩负的使命是多么伟大和不同寻常。如果人在这方面多留一个心眼，对于作为"尽义务之报酬"的所有利益和做善事之间的不同就会习惯了。假如社会教育的基础将持之以恒地训练做善事（即总是被鄙视的尽义务的方法）也算进去，那么大家的生活状态就会被大大改观。

尽管历史上不停地在讨论善，可是一直到现在依然没有什么可观的成果，就是因为普通人所认为的义务观念好像太不堪一击了，而且错得很荒谬；在人的内心深处，完成义务得到回报的愚昧宗旨好像一直作用很大。可是实际上，了解人生之道，遵循科学的理念完成自己的义务和要求外在的回报相比，前者更能让一个人践行善的法则。

康德

道德是直指世界性的共同目的的。为了实现个人目的而付出行动的人是不道德的；假如一个人是为了全体性考虑，其动机是理性的，那么我们就可以和马可·奥勒留、康德一起说："那是和道德相吻合的。"所有人心中肯定都有这样一份杰出的认知或告诫，这是毋庸置疑的，这个东西也长存于终究会有一死的人类心中。

爱默生

每个人，从帝王到走卒，首先应该关心完善进步，因为只有完善进步给予所有人福利。

孔子

人们最终只会达到给自己设立的目标。因此目标应该设立为最高的。

梭罗

恪守善的法则和物质的、俗世的幸福根本上是两个概念。因为恪守法则而得到的物质上的幸福反过来会对人的精神带来毒害；道德上的善和物质上的善是相互矛盾的——尽管这件事让人们烦恼不已，可是人只有处在这种状态下，精神才能升华。

恶因在自己内部

尽管我们的烦恼和我们的罪过之间联系不是很显著，可是却无可否认。

有人说："尽管我待人以善，可是对方却以怨报德。"

可是如果你确实爱你所善待的人，那么在因为你的爱而让对方得到的幸福中，你已经得到了回报。所以善待你所爱的人也就相当于善待你自己。

在做善事的意识本身中就可以找到德行的报酬。

西塞罗

对于将来的拯救，基督曾经有过预言：他告诉过民众，要想得救，必须具备前提条件——要想被拯救，就必须爱、自我牺牲、同情、豁达。

如果你做到了这些依然不自由，依然悲伤、穷苦，那么你就只有从你自己身上找原因了。

基督的指令，你遵守了吗？你应该做的事，你做了吗？为了得到权利、自由，摆脱被欺凌的痛苦境地，从而创建更好的环境，你曾经不懈奋斗过吗？是的，你好像奋斗过，可是你奋斗之后是什么结果呢？为什么你付出了那么多努力创建的东西转眼又被毁了呢？假如你和那些把家建在沙土上的人不一样，那么又是什么原因呢？当河川从你家流过，你的家便不堪一击而毁于一旦。

拉梅内

如果一个人反思自己的过错，进而发现自己为什么而苦恼，并尽可能去排解那苦恼时，他反而会更加欣然地接受，而不会因为和苦恼抗争而增加一层烦恼。可是假如一个人没有发现自己所经历的苦恼和自己的过错之间有什么关联的话，他就会将这种苦恼关在门外，会扪心自问：这是为什么？为什么我必须忍受它？他的苦恼就会慢慢演变成恐怖的指责。

如果一个人无法找到他所经历的苦恼和自己的生活之间有什么关联的话，他可以选择两种观点：一种是浑浑噩噩地继续忍受苦恼，还有一种是认为苦恼就是因为自己的过错所带来的，并承认苦恼就是救赎自己和其他人的方式。

如果采用第一种观点，则很难弄明白苦恼到底有什么价值，只会让绝望和恼怒的程度更严重，并不会激发其他任何行动。如果采用第二种观点，则苦恼就会引发组成真正的生活的一些活动——也就是会激发一系列行为，像认识罪过、从迷宫中走出去以及遵从理性等。

体验过苦恼以后，你才会对人类心灵彼此间的紧密关系了然于心；你自己受过苦，所以你更能了解所有受苦的人，才知道跟他们讲些什么。此外，头脑也会变得更加机智，也就是说，你会明白人们老是不愿示人的状态或经历，也会弄清楚谁更看重什么事。把智慧赐予我们的神是伟大的，可是神到底是通过什么方法让我们获得智慧的呢？正是通过我们努力想要摆脱的不幸，通过苦恼和不幸，我们才能得到无法从书本上获取的睿智。

果戈理

过灵性生活的人会觉得，在抵达完善境界的道路上，受难是一份鼓舞，启迪他们离神更近一步；他们觉得受难往往会演变成人生课题。

要想找到你苦恼的恶因，到你的内心世界去看看吧。有时候正是因为你的行为才带来了那恶，有时是兜兜转转之后才回到你这里来，可是恶因往往在你内心深处。只能把你自己的行为纠正了，你才可能得到救赎。

神栖息于你心灵深处

七月二十六日

在所有信仰中，真实的只有一个，那就是心灵的要素。

撒玛利亚人没有听到基督对他们这样说："为犹太人而丢掉你们的信仰吧！"犹太人也没有听到基督对他们这样说："和撒玛利亚人互为同盟吧！"可是撒玛利亚人和犹太人都听到他这样说："你们都错了。"神就是心灵；对神的信仰只关乎你的内在，和土地以及其他外在形式都没有任何关联；神殿或神殿的礼拜，还包括加利拉亚和耶路撒冷都不是至关重要的。不管在什么地方都可以找到归属感的人，无论在哪儿都可以诚心做礼拜的人，也就很有可能在自己心灵深处在真理中给神做礼拜，因为神正好也在寻找这样的人。可是这样的礼拜者，神要哪一天才能找到呢？哪天大家才会对汲取无法解渴的泉水感到厌倦而转向神呢？哪天神的井边才会会聚一些来自世界各地的困乏的人们呢？

拉梅内

基督之所以来到这个世界，是为了跟世人说来世并不存在永恒，尽管我们的眼睛无法看到；永恒就存在于我们每个人身边，它不会把人带到时间之流的海洋。人越能感受到它的存在，对它的领悟就会越深，生活也就变得更加单纯、更加真实。他也跟世人说，神是人之父，就存在于人身边，和人一起生活，并没有在遥不可及的天上，也不是一种偶然存在的抽象物，也没有和人相隔十万八千里。神所青睐的事存在于悲悯、正义、谦逊和爱中，并不是在教会严苛的仪式中。

弗雷德里克·法拉尔

神是个灵，因此必须用心灵和诚恳来拜他。

《约翰福音》4：24

宗教如果只由身体的状态和运行而构成，连竞技者的练习都比不上。

假如内在的领悟不存在，只用语言对神进行赞扬是根本没有用的。

对此生进行否定的信仰是不真实的信仰，因为永恒的生活的开端就是此生。

一个人如果已经到达自我完成的阶段，那么心灵和自然界之间、自己和别人之间就没有差异了。

人子之中，值得加给圣名的人只有那些在自己心中了解神的人。成为圣者的前提是了解自己。

在你现在的心中就可以找到生命的根源，为什么还要到其他地方去寻找呢？这和身处太阳底下还要执一盏灯的人有什么区别呢？

印度·威玛纳

认识有肉身的基督对于救赎心灵并不是一定要具备的前提，可是认识神之子——也就是在万物之中，在人类心中，特别是在基督心中找到的永恒之神的睿智，却是非常必要的。人类如果缺失了这份睿智，都会和幸福无缘，因为只有在睿智的引导下，我们才会知道什么是真，什么是假，什么是善，什么是恶。

斯宾诺莎

　　从你的信仰中去除可以看得见的、摸得到的、肉体的东西，不要担心，随着你对信仰的精神核心的净化，信仰会更加牢固。

知识不是目的

七月二十七日

知识不是目的，只是一种工具。

不管大家如何看待自己的使命或幸福，科学只是研究有关那幸福或使命，而艺术又只是表现这种研究，可是我们如今被叫作科学、艺术的东西，都是诞生于有闲阶级；大多数人都没有因为现代的科学或艺术而感到幸福，所以他们会觉得那是没有意义的东西。

为了把扎在脚上的刺拔掉，通常需要另一根刺的帮助，而一旦把脚上的刺除去，两根刺都要一起丢掉。同样地，为了把遮掩"真我"的无知去除，有必要借助知识，可是它只是一种工具，其本身并没有价值。

婆罗门教智慧

科学不能用来获取财富，而应该用来对宗教的基础进行加固。

萨迪

掌握了知识却不会运用的人，和播种了却不收获的人没有区别。

把人生最重要的事情看作是得到知识的人，无异于飞蛾扑火。

学者这两个字所代表的意思是某某人习得了很多事情，并不是说某某人对某种事情领悟得很透彻。

利希滕贝格

啊，我是多么的不幸啊！我本想阅读一本良好有益的书，但是代替它的是完成这个令人讨厌的人的请求。

难道说，—我回答你，—这就是你的责任吗，在别人向你请求帮助的时候去读书？你应该清楚并记住一点：上帝现在想让你做什么，他不想什么。不久前他曾让你一个人承受孤独，让你自言自语，读书，写字，为善良的事情做了准备。而今天他派给你请求你用行动帮助他们的人们。就是这些就像上帝说的：

从你的孤独中走出来并在行动中展示，你学会了什么，因为是时候让你和人们看到你读书和思考的益处。

别把脸撞到泥里；别抱怨中断你活动的人们：要知道如果没有人们，那么你会给谁服务并且读怎么更好地服务人们的书有什么用？

埃皮克提图

人生的宗旨不是为了得到知识，而是为了完成神的法则。

忏悔对于实现"自我完成"是不可或缺的。

寻找恶的根源时如果跑到自己以外去了，是非常危险的，这样忏悔就不可能发生了。

戴维·罗伯逊

如果不能觉察到自己的错误，那错误就会慢慢蔓延开去。

当一个人遇到痛苦的事情时，他第一步要做什么呢？是埋怨某个人或某种环境吗？是向全世界哀叹或指责全世界吗？当然不应该这样。所有人类的导师都教导我们，理应受到批评的不是别人，正是我们自己。经历痛苦的人一定要先认识到自己痛苦的根源，那都是源于自己的无知。假如他对自然、自然的法则选择了信赖，那么拥有不变法则的自然肯定会带给他恩惠、快乐和幸福；可是假如他违背自然的法则，自然就不会容忍他，不给予慰藉，让其陷入孤单的境地。这时自然会跟他说："我的孩子啊，这条路是走不通的，换一条路走才能得到幸福，你现在所走的这条路只会给你带来不幸，舍弃它吧！"年高德劭的人还奉劝大家在忏悔时这样对自己说："是的，我是愚昧的，我没有遵从神的法则，而服从了假的、不稳定的，也就是魔鬼的法则，正是因为这样，我如今才会变成这样。"

卡莱尔

我的心里很不好受，这么多年以来，我从来没有带给任何人幸福——包括我的朋友、家人，以及我自己。我做了很多恶事……三大战役是我发起的，因为我，战场上死了八十多万人，而他们的亲人为此哀伤不已……这一切组成了一道障壁，把我和神隔离开了。

俾斯麦

不管一个人如今处于何种阶段，都应该尽可能早地通往完善之境。

所以，思维固化了的法利塞人（伪善者）的正义，和在十字架上悔悟的罪犯之心相比差远了。

理性的责任

越是滥用必要的东西，越会毒害人；人的不幸大多来源于生活最宝贵的武器——理性的滥用。

神把他的精神和睿智赐予我们，是想让我们认识并完成他的意志，可是我们却拿来完成自己的意志。

如果理性沦为情欲的手段、虚情假意的庇佑者、恶行的奴仆，那么它不仅会变得邪恶，也会变得病态，并因此而不再拥有鉴别真伪、善恶、正义和不义的能力。

伊凡·蒲宁

理性如果被人用来解决世界存在的原因，自己活在世上的原因这一类问题时，会让人觉得头晕想吐——这种问题的答案，人的理性根本无法作答。也就是说，人之所以拥有理性并不是为了给出这类问题的答案，这类问题被提出来就已经表现出了理性的荒谬。理性只会给出"应该怎么样活着"这样一个问题的答案，而且答案是显而易见的——也就是说所有人都要活得好好的：对于所有的生物和自己来说，这都是很关键的，而且也许会做到的，而化解这个问题是不问为什么的。

把理性用在不必要的方面时，就如同到了晚上才会视力清楚，到了白天反而变成瞎子的猫头鹰：虽然他们的理性被用作毫无意义的学问时锋芒毕露，可是当真理之光朝他们射过来时，却没有发现什么。

庇塔库斯

　　黑夜对于失眠的人来说是极其漫长的，一里路对于疲惫的人来说无限远，一生对于无知的人来说是长路漫漫的。

　　理性就是为了找到真理，所以滥用理性，也就是用理性来遮掩真理、把真理扭曲，其带来的害处是不可小觑的。

谦卑

七月三十日

只有那个知道自己所有弱点的人可能对他人的弱点公平对待。

我的孩子们！如果有谁给你们带来言语上的伤害，那么不要给其赋予意义，而是把它看作不值得注意的事情。如果你们冒出了关于他人的侮辱的词语，那么不让它同自己的良心联系起来，说：我们说了什么呀，要知道这都是小事，没什么了不起的。不，不要这样考虑，而是要审视自己的行为就像重要的事情一样并且暂时没有用自己的祈求或是朋友的调解成功地说服受委屈的人达成完美的调解，就不能感到满足。

《塔木德》

如果我们能转换自己到其他人的位置上，那么我们就能经常从我们对他们感到的憎恨的感觉中解脱出来；如果我们把别人放在自己的位置上，那么就会减少自己的傲慢。

谁不会原谅，就会破坏他自己同行的桥梁，因为任何人都需要被宽恕。

赫伯特·洛德

我们几乎永远在自己身上找不到我们指责别人的罪孽。如果我们不知道自己身上就是有这个罪孽，那么只有寻找，然后我们找到更坏的。

　　深深的河流不因为向它投掷了石块而起波澜；受侮辱而激动的信教的人不是河流，而是水洼。如果你遭受了不幸，这样对待它，原谅其他人，你自己也获得原谅。我们将牢记，我们所有人都将回归到土地里，我们都将是谦卑的。在成为骨灰以前用灰烬撒在我们的头上。

萨迪

　　只要稍稍思考，我们永远能在自己身上找到在人类面前的罪过（就算这将只不过是由于人们的不平等，我们使用一定的特权的罪过，而由此其他人应该尝试更贫苦的生活），这阻碍我们赶走关于欠债的想法，这个欠债是通过自己功绩的自私认识得来的。

如果人们向基督徒吐露了自己的法律，那么就不能存在富有的人，也不能存在贫穷的人。

就这样有个人走来，跟他说：伟大的老师！我要做什么善事，好拥有永恒的生命？耶稣对他说：如果你想成为完善的，去吧，去卖了自己的财产并分发给穷人；你在天上将拥有财富，然后来吧，来追随我。

《马太福音》19：16，21

有的富有的人对别人的痛苦无动于衷且漠不关心。

《塔木德》

富有的人和贫穷的人表现为相互补充。富人的等级要求着穷人的等级，并且疯狂的奢侈不可能同强迫贫苦人们服务于疯狂奢侈的可怕的需求相关。富有的人——这是掠夺者，穷人——这是被掠夺的人。由此基督永远表示出对穷人的同情和对财富的极度厌恶。按他的教义，做被掠夺的人好过做掠夺者。在他宣扬的真理的王国中，富有的人和贫穷的人不可能是同样的。

亨利·乔治

可怕，贪财确实可怕；它关闭眼睛和灵魂，把我们变得比野兽更凶猛，不让我们思考不论是良心，还是友谊，还是交流，还是自我灵魂的救赎，但是，剥夺了一起的传染源，让人们成为自己的奴隶。在这个痛苦的奴隶制度下最坏的是——强迫人们享受自己的奴隶制度，人们越沉醉于其中，他们的满足感就越增加。由此多半这个病症是无法医治的，由此这个野兽是无法驯服的。

圣约翰·克里索斯托

由非常富有和非常贫穷的人们组成的社会，很容易出现掌握权力在手的人们的猎物。非常贫穷的人没有足够的精神来提供反抗，而非常富有的人有时下太多的赌注，让他们能够冒险。

亨利·乔治

财富就像粪便一样，当它们成堆的时候散发着臭味；当它们被撒乱——滋养大地。

一个人的身上要有多么强烈的道德感觉的阴影啊，让他在基督教的群里在上千个贫穷人之间炫耀自己的财富。

八月

生命的善行

——托尔斯泰陪你走过春夏秋冬——

自由

理性是唯一能带给人自由的东西，人越拥有理性，他的生活就越自由。

你会问：自由要如何才能得到？自由的得到，绝对不是借助舆论的引导，而是需要你自己去区分善恶。

塞内加

假如你从来都没有因为某种欲念或虚荣心想要去做恶事，那么所有善行你都可以做到了。

中国格言

得到自由最好的途径就是打败自己，自己掌控自己的最好方法就是驾驭自己。

东方谚语

一个人和某种思想连接的情况，类似于一个人的身体被系到柱子上。系的那根绳子越长，他享有的自由范围就越广；同理，他如果从更多人的幸福角度出发，他的自由度也就越广。

露西·马洛丽

什么样的人生活才是自由的——因为完成了自己的使命而暗自庆幸的人；深思熟虑过人生道路的人；不是因为害怕，而是因为必须要遵从才会选择去遵从人生法则，而且保持谦逊的人；只被自己的判断和意志所掌控的人。

西塞罗

当一个人可以按照自己的方式生活时，他才能被称为自由的；具备理性的人因为只希望得到自己可以得到的东西，所以他通常可以根据自己的意愿生活，这样的人也才能称为自由的。

人人都想做善人，人人都不想生活在错误之中，人人都不是故意要过惨淡的生活，人人都喜欢过干净的、讨人喜欢的生活。也就是说，所有生活得不合理的人，事实上都和自己的意志背道而驰了，没有按照自己的意志来生活；悲戚愁苦都不是他所愿意的。尽管这样，他们却依然过着烦恼、害怕的生活，做着自己不愿意做的事，所以他们不能称为自由的。

圣人戴奥金说："真正自由的人是随时准备死的人。"他在给波斯王的信中这样写道："不管怎么样，你都没办法让真正自由的人沦为奴隶，这就如同鱼不可能顺着你的意思游动一样；尽管你关押了他们，他们依然不能称为你的奴隶；如果这些人在被关押时自尽了，你把他们关起来又有什么意义呢？"

这是真正的自由人所说的话，这样的人明白可以在哪里找到真正的自由。

爱比克泰德

我们一边随意地过着道德和生理两方面都和人类本性不相符的生活，一边还想要得到自由。

恭敬善和真理当然是无可厚非的，而且是非常好的，可是你也如此对待恶和虚伪的话，则是腐化堕落到了极点。

卡莱尔

那些为了一时的情欲，甘愿被俘获的人、贪图享受的人、对自身肉欲的膨胀不管不顾的人——他们都是自作自受的人。

只想着平安幸福的人、对问题深入研究的人、在常人难以发现幸福的事情中发现幸福的人——他们都把死亡的枷锁斩断了，让自己得以解脱。

佛陀

探求自由并不能得到自由，只有探求真理才能得到自由。自由是结果，不是最终的目标。

自由不能靠别人给予，所有人都只能通过自己来得到自由。

死不是结束

八月二日

如果人这种存在物只包含肉体，那么死就代表着所有的结束。如果人这种存在物属于精神上的，肉体只是把精神包裹起来而已，那么死也只是一种变化而已。

被我们叫作灵魂的、拥有神性的精神本体会被我们的肉体所束缚。假如器皿限制了它所盛放的液体的形状，它也同样会作用于精神本体。当器皿被打碎时，其中的液体的形状又会消失，流向外面。这些液体会不会和其他物质相结合，或者再次得到新的形状，我们不得而知；我们所知道的只是液体已经不具备之前被装在器皿中的形状了，因为这一直以来束缚着液体的东西损坏了，以后的情况我们无法知晓。我们的灵魂在肉体消亡以后会变成其他某种东西，可是到底变成什么，我们却无从得知。

笃定自身永存的爱默生被人这样提问："假如世界末日到来时会怎样？"爱默生说："为了让自己永存，世界于我来说并不是必需品。"

不管是对于生，还是对于死，顺从都是必要的。为了抵达神的范围，你必须赶在自己和其他人之前变成小孩；你想要和神相结合的话，就否定自己吧；你对自己否定得越厉害，你和神就越靠近，而死也会慢慢变成一种幸福。

和我们的诞生一样，死也只是我们不断前进中的一环。它们之间只有一个区别，生存的某一种形式——死亡，就是诞生，而生存的另一形式——诞生，就是死亡。

对于一定会死的人来说，死是幸福的；死会把你从一定会死的泥潭中拉出来，我没办法像有些人一样满怀惊惧地来看这个变化。在我看来，死是在往更好的境界发展，只是迎死一类的话我们也不用再多说了。我们现在要做的就是好好活着；知道如何活着的人才会知道如何死。我是愿意活着的，我们的灵魂压根不会跟我们说：我们是一定会死的人。感觉是会死的，感觉制造了死，拥有理性的人值得整日因为死而提心吊胆吗？

帕克

快要死的日子带给我们的是改变，而不是破灭。

西塞罗

死只是让精神（本来可单独存在的）摆脱了安放它并且拘束它的肉体。

过着灵性生活的人，从来不存在死一说。

报应

我们不要妄想着我们所行的善恶一定会在相应的时间内得到报应：善与恶的完成都是在超脱时间的范畴，尽管在那个范畴，报应的痕迹不是很明显，可是毋庸置疑，在我们的良心里，我们已经意识到它了。

看上去生活好像过得很舒适的人：不知羞耻的人、自私的人、奸诈的人、中伤人的人、胆大妄为的人、恶毒的人；看上去生活好像过得很凄惨的人：一直在纯良道路上前进的人、温和的人、睿智的人、大公无私的人。可是这些看法都只停留在表面，实际上前一种人经常因为很多事情而烦恼不已，而后一种人则内心往往是安宁的。

佛陀

只要是善事，即使再微不足道，也得尽全力去做，可是离所有的罪恶都远远的吧，因为一件善事会带来更多善事，一项罪恶会带来更多罪恶；以德报德，以恶罚恶。

《塔木德》

"罚"是什么？显而易见，它存在于你没有完成义务而无法享受任何幸福的意识之中。这是最大的罚了。

你不用四处去寻找恶因，就在你自己身上找。

卢梭

表面上看，你是在为别人做事，事实上你也是在为你自己做；因为善意的行为总是裹挟着一种善感，残忍的行为无一例外都伴随着一种恶念。

露西·马洛丽

不要有针对性地去行善。即使连你自己都忘了你所做的好事，它本身也一直存在。

毫无疑问，能让你拥有幸福的唯一行为就是行善。

种下了种子当然会收获，打别人的同时自己也会觉得疼；给别人提供服务的，别人也会为你服务；假如你能把自己的一生都奉献给世人，最后的回报你也是无法规避的。

爱默生

当你待某人以善，并因此有所成果时，你还需要为自己的善行而得到外在的奖赏吗？

马可·奥勒留

行恶的人本身是没有幸福可言的，打败罪恶的人则把自己从所有罪恶中净化出来。是选择做一个纯净的人，还是做一个不纯净的人，都取决于你自己，其他任何人都无法救赎你。

佛陀

  你不要祈求善行会带来可见的回报，在你行善的同时，你已经得到了善行的回报。此外，你不能因为恶行的报应不可见，就觉得这个报应是不存在的，其实你心中早已经有了这个报应。假如你把内心的痛苦都归结于其他原因，那你就大错特错了。

放弃

所谓自我否定并不是要否定自己，而只是指把自己的"自我"从动物的范畴转变到精神的范畴。

在所有人的内心深处，确实存在着人类整体的生活意识，所以一个更加广阔的生活意识是早晚会被人觉察到的。

人只有把一些微小的个人目的否定掉了，才能进入更有力量的生活，而且马上得到回报。

一个人只有把自己独树一帜的个性否定掉，才能真正彰显出自己的个性。只有在自己的生活中对其他所有人的生活有所察觉，才能对更无限的生活有所了解。

卡本特

有一种人是绝对不会得到幸福的，那就是凡事只从自己的角度出发，只为自己的利益着想的人。比起想为自己而活，为别人而活还好一些。

塞内加

在自我否定与爱的世界，人可以知道最大的幸福，理性会启迪我们只有从哪条道路走，我们才有可能达到幸福，可是感情却让我们偏离了此道。

大部分人都觉得去除个性、去除对个性的爱的生活会变得很空洞；他们觉得如果缺失了个性、个人的东西，那么生活也就不存在了，可是这些想法只会存在于那些从来没有感受过自我否定的喜悦的人身上。把个性从生活中剔除出去吧，否定个性吧！这时你会发现最后剩下来的居然是人生中最真实的东西，也就是说，你得因此而明白爱。

一个人"自我否定"的开始，也就意味着他真正的生活由此开始。

卡莱尔

你的去路会因为你心中的光消失而变得黢黑，小心这一片恐怖的黑暗吧！你只有把你心中所有自私的念头都去除掉时，你才能运用你的理性之光照亮你心中的那片黑暗。

婆罗门教经典

只孜孜不倦地寻求个人的幸福，相当于允许我们生命中自私的部分持续存在；只有把它否定掉了，人才有可能过上真正应该过的生活。

原本，人应该多付出少得到，可是现代人却并不这样认为。他们觉得追求物质享受是再正常不过的事；更常见的形势是大力吹捧消费的，对于劳动者则是可怜他们的同时，又有害地利用他们。

　　我们的意识从动物性的"我"向精神性的"我"转变之后的结果，事实上就是我们所说的自我否定。假如这种意识的变化结束了，变化之前的那些否定也就不能称为否定了，而会被认为只是理所当然地躲开了一些不必要的东西。

建议

虚假而有毒的思想之所以会继续存在，很大一部分原因就是其他人的提示或注入而使其蔓延。

我们之所以会觉得我们的性格或生活一点儿意义都没有，就是因为我们极易被周围一般人的言行标准所影响，进而偏向他们，对于他们的思想和观点，我们没有进行深入思考或进一步的发展。

那些让我们腐化的坏人并不会让我们身处险境，相反那些如同流水一样宣扬别人的思想，让我们和自己隔绝开来的一群没有思想的人才会让我们以身涉险。

人心是极易被彼此影响的，所以人只有远离外界时才可能完全自由。

身处社会中跟随舆论走，在一个人待着时跟自己的想法走——这都是很轻松就可以做到的。可是真正的强者是那些身处于民众中，但依然可以保持自己一个人待着时的独立和谦卑。

爱默生

别在侮辱你的人面前垂头丧气，别走到他想要笼络你的道路上。

马可·奥勒留

　　不管对什么事情，人都极易变成习惯，特别是当身边的人都那样做时。

　　我总是会觉得羞愧不已，当我想到我很多次放弃自己的信念，多次快速臣服于单调的制度或习惯的脚下时。

爱默生

　　虚伪的思想和恶毒的情绪在人间传播，我们可以从其外表的光鲜和严肃中得知，然而真理是不需要做一些表面功夫的。

　　在社会生活中，我们免不了会受到别人的影响，当你准备接纳一些流行之物时，需要非常小心。暗示的力量是很强大的，所以，有德之人必定会对自己的言行提出更高的要求——这两样东西刚好就是彼此影响的中间物。

心灵

八月六日

理性是仅有的一个个人或全人类的指导者。

你的眼睛就相当于你身上的灯，只有你的眼睛亮了，你的周身才会散发光芒；反之，全身就会陷入黑暗中。因此你要省察，要小心你里头的光是不是还是亮的。

《路加福音》11：34～35

当我们对大部分人的生活进行审视时，我们会发现人这种存在物和植物好像是一样的：二者都吸收养分开始生长，一样在地球上留下后代，然后凋零、消亡。在这种情况下，人所实现的存在目的相比其他所有生物所实现的可以说要逊色得多，因为人只把自己最杰出的能力用在其他生物都可以更好地实现的目的上。相比其他所有生物，这样的人更会被人瞧不起，最起码从睿智的角度来看是这样。没错，如果人对未来丧失希望，不积极向上，只固守在现有的力量中，对更科学更理想的生活根本不考虑，那的确是这样。

康德

所有生物都生活在一起，可是他们同时又彼此独立，不管是人也好，虫子也好，都有只顾自己的，所有只顾自己的生物，觉得自己才是活着的存在物，只为自己对生活提出要求。可是所有这些存在物都会因为自己的努力而慢慢走向消亡，最终离个体的毁灭越来越近。

如果这个世界缺失了理性，这种冲突是难以化解的，可是人却拥有理性，理性可以把这种冲突化解掉。

生活看上去尽管只是肉体方面在发挥作用，可实际上都是在理性的法则下。

拥有理性的人，抑或说过着科学生活的人，就好像擎着灯照亮自己前后行走的人一样，灯光会一直照耀在他前方，带领他前行，这样的人不可能会走到灯光的尽头。理性就好像这样的灯。只有过着理性生活的人才会打败死亡。因为那盏灯会持续照耀到最后，接着也会重复走过来的情况，在灯光的指引下，一直安静地走到生命的另一端。

所有的人都不仅会遵照自己的思想，也会遵照他人的思想而采取行动。而人与人之间之所以会出现那么大的差别，最重要的原因就是他们有多么遵从自己的思想或别人的思想。大部分人的情况是，思考都用在智力上，理智则形同摆设，而他们的行动谨遵习惯、传统以及约定俗成的规矩。有些人行动的关键驱动力则是自己的思想，遵从自己理性的召唤，只有偶尔自省以后，才会听从别人的决定。

所有人都可以利用人类积累下来的智慧成果，而且一定要利用才行。可是同时也能对别人完成的一切进行反思，而且一定得反思才行。

虚荣

虚荣心强的人渴求得到世人的赞美。可是要想得到世人的赞美，就必须变成世人所肯定的人；世人所肯定的人事实上就是他觉得满意的人，那么为了得到世人的赞美，难道要向世人谄媚？所以，满足虚荣心是世间最傻的事情了。

对不应该觉得羞耻的事觉得羞耻，应该觉得羞耻的事他反倒觉得不羞耻，这样的人所遵从的是虚伪的思想，最终会走向毁灭。

佛陀

虚荣心强的人，心中已经装满了自己的事，根本没有空余再去容纳其他的事物。

杀了自己，你也不会让人们感到惊讶。

谚语

"仿照别人的做法吧！"这时教训应该被打上一个问号，它相当于告诉人"你应该去做恶事"。

拉布吕耶尔

甲问乙："明明是你不愿意做的事情，你为什么还要去做呢？"

乙说："因为所有人都是那样做的呀！"

甲说："并不是所有人，我就没有那样做。此外还有其他人也是如此，尽管人数不多，我依然可以指给你看。"

"即便不是所有人，也是绝大多数啊！"

甲继续问道："那你跟我说说，世界上是聪明人多还是傻瓜多？"

"当然是傻瓜！"

"那不就是嘛，你跟在大部分人后面跑，不就相当于追着傻瓜跑吗？"

无名氏

要想让自己真正变成自己所羡慕的样子其实很难，而更难的是让聪明人高看我们。

利希滕贝格

人的见解有多狭隘，那他就有多傲慢。

不管是以前还是现在，人们嘲笑沉默不语的人，也嘲笑说得多的人，也嘲笑说得不多的人，在地球上，就没有不被指责的人。

从来没有过，从来也不会有总是被指责的人，就像没有谁总是被夸奖一样。

《法句经》

目光越短浅的人越容易自负。

波普

不管是过去还是现在，沉默寡言者也好，话多之人也好，都会受到他人的嘲讽——世界上根本找不出一个不被人非议的人。可是这个世上也找不出一个人永远都被指责，永远都得不到表扬。

佛陀

世俗的观点是人生的最佳虚伪指导者。

真正的德行一定满不在乎自己的德行——名声。

歌德

我们往往会赞扬那些和自己相似的人，所以尊重别人就相当于同样看待自己和别人。

拉布吕耶尔

有件事是非常愚蠢的，那就是为了赢得世俗的名声或世人的夸赞而绞尽脑汁，因为对于同一件事物，世人的看法往往天差地别，有些人觉得善的，在另一部分人看来甚至是恶的。

对各种思想进行反思

八月八日

被很多人所看重的杰出的作家所写的东西，特别是一些很关键而且具有重大意义的东西，其实多数情况下却变成了了解真理的绊脚石。神的真理反倒可以在儿语中、白痴的痴话中、狂人的梦话中、单纯的人所说的话或所写的信中找到。往往在我们所看重的杰出的著作中却找到很多不堪一击的、虚伪的思想。

对于我们来说，正是因为我们从不加以研究，所以很多东西都变成传统的被一致肯定的真理。

罗德

要我们接受那些传统的没落的法典并要求我们遵从，就相当于强制我们住到几世纪以前祖先所住的家中去，去使用祖先之前用过的器具。

露西·马洛丽

我们一定要弄明白一点，福音书的神圣之处在于它隐藏着真理，而不是因为它是由使徒完成的。

大部分人都把宗教当作一种习惯，或者说，习惯也是宗教。或者有人会纳闷，可是我却相信我们只有先让自己脱离那一直养育我们的宗教，我们才能靠近道德的完美境界。所有人都得这样。

梭罗

假如觉得被看作神圣的经典中所说的话都是真理，那就是对作品的膜拜，其有害程度更甚于其他任何膜拜。

不管思想来自哪一个人，你都必须先反思一番。

人的罪恶基本上都是因为人选择盲目信任的错误思想所引起，而不是由恶的意志所引发的。

事情所呈现的具体后果，都来自某种不可见的力量；子弹发射出去以后，我们才听到枪响；决定性的事情都是在思想中完成的。

卢梭

只有从嘴里说出来的才是发自于心底，这才玷污人。因为发自于心底的有：恶念、苟合、凶杀、奸淫、妄证、毁谤、偷盗。

《马太福音》15：18～19

我们的行为和意志相比，不管是善良还是邪恶，前者都比不上后者。

沃维纳格

相比恶行本身，所有产生恶行的思想要更加邪恶；恶行可以悔悟不再犯，可是邪恶的思想却会衍生出更多恶行。

浑然不觉中，无形的思想总是会从远方偷偷靠近我们；思想总是藏得很深。可以抵御它的人才能不被它所引诱。

佛陀

认真思考吧，这样思想才会派生出好的行为。

思想是诸事之源，所有的事情都涵盖在思想中。可是思想是可以掌控的，所以为了抵达理想境界，最关键的一件事情就是好好掌控思想，再更好地加以运用。

如果你遇到坎坷，就要从引起这种行为的思想中去寻找原因，而不是从你的行为本身去寻找。同样地，假如外界的某件事情让你愁苦不堪，应该从造成那种行为的思想中去寻找原因，而不是从他人的行为本身去寻找。

因为人会受到时间的约束，他也只能根据早已认定了的原因而行动，一切都是命中注定的，所以有人说人是不自由的。可实际上人只有在现在才采取行动，而现在只是过去和将来两个时间的相交点，是不属于时间的，所以现在这一刻，人往往是自由的。

有人请教圣人："人生什么时间最重要、什么人最重要、什么事情最重要？"

圣人说："现在是最重要的，因为只有现在人才被自己所掌控。"

"现在和你有关系的人才是最重要的人，因为以后你会跟谁有关系，你并不清楚。"

"而和你现在有关系的人相互尊重，彼此爱戴，就是人生中最重要的事情，因为人之所以来到这个世界上，就是为了和所有的人相互爱戴。"

"今日"是指什么？今日展现出了我们现在活着以及向将来活着的不变性。

马蒂诺

你是无法再找回你已经丢掉的时间的，你也无法再更正你已经犯下的罪恶。

罗斯金

在最普通的状态中展现最清楚的事，就是对人生最尊贵的想法。

我们只有对自己的永恒性矢志不移时，才能在一切转瞬即逝的那一刻觉得幸福。

只要我们怀着一颗高尚的心灵去对待，不管多么小的使命都不会被我们认为是不值一提的。

马蒂诺

抓住人的第一个、也是最平常的诱惑是准备生活代替生活本身的诱惑。

现在我可以暂时放弃那些应该的，以及某些我的精神世界需求的，因为我还没准备好。——人对自己说——但是我正在准备，那个时刻就快到了，那个时候我就会完全依照自己的良心开始生活。

这个诱惑的谎言是人放弃真实世界的生活，同一个真实的生活把它带去未来，然而未来不属于人们。

为了不受这个诱惑的影响，人应该明白并理解的是，他没有时间准备，他应该以其现有的那样的最好的方式生活；对他所需要的改善，只是在爱上的一种改善，而这种改善只能在现实世界中完成。因此，不应该推迟每一分钟，用一切以及自己的真实力量生活，为了上帝，也是为了所有对其生活提供要求的人，他知道他随时可能被这种服务的可能性剥夺，为了这个每时每刻的服务，他来到了这个世界。

　　我们所拥有的神性本质只有在现在才会展现出来。敬重现在吧——神就在里面。

独自面对内心深处

所有人都要独自迎接死亡的降临，同样地，人活着时，自己内在的灵性生活也需要自己独自面对。即真正的自我只有当一个人独处时才会意识到，这时人才能发现生活中所有内在的东西。

幸福指数最高的国家是只需要输入一少部分，或根本不需要输入的国家。同理，幸福指数最高的人就是那些对自己内在的充盈非常满足，几乎不需要或者根本不需要通过外界的东西来让自己得到满足的人。依靠外界输入通常必须付出很大的代价：负债、危险降临、带来愤怒，可到最后依然不能取代自己土地上所生产出来的东西。不管从哪个角度来说，我们都不要对别人或外在的东西抱以希望：一个人被另一个人所奴役，那是被局限到足够窄小的空间中了。不管怎么样人最后都只有自己，假如这时还有谁和自己同行，那么问题来了，到底会是谁呢？

叔本华

当我们经历坎坷，或处于某种困境时，经常会因此而想去责怪别人或命运。这些坎坷或困境看上去好像和我们毫无关联的外在事物所带给我们的，我们必须这样想，事实上是因为我们自己内心出现了偏差。

爱比克泰德

人的行为是可以被自己掌控的。最好的东西就是可以在自己内心里找到的，而且在自己生命延续期间必须继续成长的东西。

爱默生

因为行恶，你让自己陷于痛苦中，所以你也只有远离罪恶才能被净化；纯洁和邪恶都取决于你自己，你是不可能得到别人的帮助的。

佛陀

人因为把感情和肉体看得太重，所以经常会难过。可是你应该知道你自己或你的本质存在于精神中。时时刻刻把这种意识牢记于心，让精神高于肉体，让精神不要受到肉体的支配，让精神不要因为肉体而遭殃，通过人生所有外在的坎坷来保护精神，最关键的是往精神生活靠近，这样你才能实现所有的"真"，在神的力量中安静地生活，让自己存在的价值得以实现。

马可·奥勒留

每个人都有自己内心深处的生活，而其根本是没办法向别人转达的，我们经常会想要向别人转达，可是那根本做不到，而且也不需要。

对内在生活的根本的诉求就是和神交流的诉求，这一层沟通让我们建立起来吧！

十字架的意义

八月十二日

人所承载的十字架由两条线组成，一条是大的竖直线，一条是小的水平线，两条线分别代表神的声音和人的意志。假如可以把自己的意志向神的意志靠拢，十字架就消失了。没错，十字架的烦恼就会烟消云散。

通过外部的荣誉去寻求幸福的人就如同在沙土上建房子，真正的持久的幸福只有当内在生活和神的意志相融合时才能得到。

露西·马洛丽

不和我融合到一起的，就是我的敌人；不和我聚合的，就是分散的。

《路加福音》11：23

不管命运如何对待我们的欲望，我们最终都会走向毁灭。只有遵从神的意志才能逃脱毁灭，一切才会笼罩着幸福的光环。

卢梭

如果你不渴望从别人那里得到什么东西，也不想接受别人什么东西，那么于你而言，任何人都不会让你害怕，就如同蜂和蜂，马和马，不会变成让你害怕的对象。可是假如别人掌控了你的幸福，那么你就必须不停地害怕别人。

我们必须和所有不属于自己的东西远一点，和所有自己没办法掌控的东西远一点，和所有附着于肉体的和肉体所需要的东西远一点，不留恋富贵、荣誉、名声和虚饰。而从这个意义上来说，我们也必须和自己的妻子、孩子和兄弟都远一点，我们必须跟自己说，这所有的都不属于自己。

而且我们不能以暴制暴。我们为什么要攻击、杀害用暴力对付我们的人呢？铁链、监狱、武器是不能把我们的灵魂怎样的；即便我们的肉体可以被逮捕，可是我们的灵魂却是自由的；我的灵魂不会受到任何人任何事的阻挠，所以无论我陷于何种境况，我都活出我自己。

我到底是怎么抵达这一境界的呢？那是因为我遵从了神的意志，遵照神的指示去办了。

爱比克泰德

把灵魂献给神的是伟大的，反之，违背神、指责神还妄想修订神的法则、自己重新制定一套法则的灵魂是腐化的、没有力量的。

塞内加

人假如发誓要遵照他的意思行事，就一定知道这教训来自上帝或自己说的。

《约翰福音》7：17

凡不辞劳苦身负重担的人，可以到我这里来，我会让你们安息。我满心温和，你们可以仿照我的样式，背着我的轭，因为我的轭很简单，我的担子也很轻，如此一来，你们一定会安息。

《马太福音》11：28～30

让自己的意志和神的意志相结合，不仅可以摆脱不幸，得到平安，而且这是有可能认识神、相信永恒的唯一一条路。

只有通过自己的内在，人才能得到在世界上履行真正义务的力量。

真正的智慧

八月十三日

和大家过一样的生活，这只是具有世俗的智慧。就算被一般人指责，仍然不改理性生活的人才能叫作拥有真正的智慧。

老天气愤的源头是我们的罪恶，世俗气愤的源头则是我们的德行。

《塔木德》

人的理性就相当于神的灯火，所有事物的最深处都会沐浴到它的光辉。

东方金言

有多少人夸赞你不是你最应该在意的，你最应该在意的是赞美者的素养如何。没有恶劣的人喜欢你是值得骄傲的。

塞内加

当我们身处移动的船上时，看船上的物体，我们根本感觉不出船的移动。可是当我们看船外的物体，像看岸边，就会马上觉察到船在移动。人生也有和这一样的情形，当那条应该走的路还没有一个人走时，当那种该过的生活还没有一个人过时，大家也不会觉得有什么不妥，可是当其中有一个人认识神并走在神的路上时，马上就会对比出来其他的人之前过的是多么邪恶的生活啊，其他的人就会因此加害于他。

帕斯卡

基督说，如果所有人都会说你很好，那就是给予你苦难。

这些话的意思是，我们不应该设置自己的外在目标：迎合人们，调整和适应他们大多数的不完美且自相矛盾的兴趣，欲望和任性，我们应该设置自己的内在目标：迎合上帝，倾听和适应他的唯一且完美的意愿。

泥瓦匠如何能建成一个建筑，如果将石头削成不平整的形状以及其他的特殊形状时，不可能建成，而只有当他们将石头的形状调整成矩形时，才能建成。因此，在地球上，当他们根据人们的传说中，自相矛盾的、反复无常的要求，教育自己和他们的孩子时，人们将不能够建成上帝的王国，而是只有当为了所有人，完善借助于良心和理智所知晓的共同的善良和真理法则时，才能建成。

费奥多尔·斯特拉霍夫

当有人诽谤、打压睿智时，我们不要因此而觉得难过生气；如果睿智没有能力看穿世俗邪恶生活的癫狂，睿智也就不能叫作睿智了。而就算有人看出了这种情形，可是自己的生活却还是一成不变时，那么他也就只能被称作一个残缺的人了。

论暴力

这个世界的外在秩序通过暴力来维持，大家已经见怪不怪了，所以他们难以想象没有暴力的生活。如果合理的（外在的）生活实实在在是通过暴力建立起来的，那么创建这种生活的人必须要清楚正义在哪里，而且他自身也一定要是个正直的人——可实际上就算有一部分人是这样，为什么其他大部分人却不是这样呢？

暴力是武器，无知的人以此胁迫跟随他的人去做有违天性的事，可是（就像强制水在水平线上流）这种武器不仅将作用尽失，而且还会带来毁灭性的后果。反之，采取劝诫人的方式就好像在河川上打造一个斜坡，最后，就算我们不留意，也不倾注任何力量，河流照样可以流。

对人进行指导有两种办法：一种是顺应人的天性，把人判断推理的能力运用起来；还有一种是背离人的天性，对人的判断置若罔闻，强迫其活动。相比之下，前者更加牢靠，后者则显得很无知，前者往往会报捷，后者则常遭遇滑铁卢。当孩子为了得到玩具而大喊大叫时，他是想倚仗自己的力气达到自己的目的；而父母亲打孩子，是想要通过自己的力气让孩子听话；醉酒的丈夫殴打妻子，是想通过自己的力气改正妻子的不足；对罪人进行处罚是为了通过强制性力量来让社会得到改进；某人对另一个人进行制裁是想要通过力量彰显正义；僧侣向听众阐述地狱有多么恐怖，是为了以此强迫他们往天国的方向走；一个民族和另一个民族对抗，是想要通过武力实现自己的目的……这一切都是很恐怖的事。从古至今，用暴力来指导人类的方法都是无知的，最后的结果也只能走向毁灭和失败。

埃米尔·孔布

暴力的正义不能称为真正的正义，很明显那只是没有引起反叛之前的正义，就如同在暖气、照明或杠杆问世之前，人们不得不忍受的寒冷、黑暗或重量。人的所有思考都是为了打败恶势力，得到自由，正义的发展就是有计划地让强权不断臣服在它的脚下；当人类把盲目的兽性、暴力的嚣张都排除出去时，才会得到幸福。因此，我了解到只有一个办法可以带给个人自由，可以把人生引向幸福、正义或睿智的法则，那就是一定要不停地克服永无止境的贪欲，往理性大道上走。

卢梭

就算没有神，依然可以强迫人，可是没有神，就不能采取劝导的方式让人向善；即便没有神，暴君也会有，可是没有神，就无法通过教育的方式，让别人变成使徒。

约瑟夫·马志尼

暴力的衍生品只能相当于正义的东西，可是这件事却让人遗忘了一个事实，那就是没有暴力照样可以过正确的生活。

人是拥有理性的，所以跟着理性生活是可解的，未来暴力会被自由、和谐所取代也是再正常不过的事，而且是无法规避的，可是如今所做的所有暴力行径却延误了这个时机。

生活的喜悦是动物、孩子和圣徒固有的：动物是因为它们没有虚伪导致剥夺他们的这种喜悦的理性，孩子们是因为他们的理性还没来得及被扭曲，圣徒是因为生活给了他们希望得到的——完善的可能性，接近上帝的可能性。

过去的忧愁在回忆中成为同过去，将来和现在的喜悦并列的令人愉快。这样，只有将来和现在的忧愁折磨着我们——在我们的世界里在愉悦的方面的巨大优势，随着我们一直努力获取欢愉而增加，并且在很多情况下足够确定预见由它们带来的甜蜜，那时候，像我们面临的忧愁，可以预言减少很多。

利希滕贝格

想着上帝创造了比人类实现所见的无比多的美好的东西我们应该高兴，但在一个想法下悲伤，就是人类造成的罪恶比他灵魂领悟力量内多得多，而手来修正。

约翰·拉斯金

幸福就是没有懊悔的快乐。

啊，我们是多么幸福啊，对憎恨我们的人毫无仇恨地生活着；我们多么幸福啊，如果我们生活在憎恨别人的人之中！

啊，我们多么幸福啊，在贪婪的人们之中我们脱离了贪婪！在饱受贪婪折磨的人之中我们活着，脱离了贪婪！

啊，我们多么幸福啊，没有什么称为自己的！我们像光明之神那样，沐浴在圣光之中！

《法句经》

听取其他寓言。曾有某个房子的主人，他种植了葡萄园，在周围围了篱笆，在院子里打造了磨床，建造了塔楼，交给葡萄工人，暂时离开了。当快到收果子的时候，他打发自己的仆人们去找葡萄工人取自己的果子；葡萄工人们抓住了他的仆人们，有的给钉上了，有的给杀了，还有的用石头给打了。他再次派了其他仆人，比上次还要多；葡萄工人们同样的处置了他们。最终他派自己的儿子去葡萄工人那里，说，他们在我的儿子面前将感到羞愧。但是，葡萄工人见到了这个儿子，互相转告：这是遗产的继承人；我们去杀死他然后掌握他的遗产。然后就抓到了他，带到葡萄园外，杀死了他。这样，当葡萄园的主人来的时候，他会对葡萄工人做什么呢？人们对他说：把那些凶手恶徒处以凶狠的死刑，而葡萄园交给那些会按时交付果实的葡萄工人。

《马太福音》21：33~41

花园被交给不是种植它的人们，为了让他们感到生活的喜悦，他们只需要执行花园被交给他们时定下的条件。他们不执行它并且说不是他们的错，而是花园主人的错。

你在寻找天堂，你想在那个没有痛苦和仇恨的地方——释放自己的心灵，让它纯净和光明，你就已经在这里，那个你梦想的天堂。

　　如果生活不呈现给你伟大的不应得的快乐，那么这只是因为你的理性被导向错误的方向。

团结

我们和所有人之间都有精神上的交集，此外，我们和所有生物也密不可分。

有人曾经跟我说过，所有人的内心里都既有好的东西，也有坏的东西，好的东西如爱，坏的东西如邪恶。因为这是人与生俱来的，所以有时第一种特性会展现出来，有时第二种特性会展现出来。这种说法无可辩驳。

不管是个人还是群体，看到有人痛苦，有时会寄予无限同情，而有时甚至会在一旁偷着乐。

拿我自己来说吧，对于所有存在物，我有时是心怀恻隐之心，可是有时却是事不关己、高高挂起的态度，甚至有时还会心怀憎恨。

这都充分说明了我们拥有两种不一样的，甚至是完全相反的认识能力。一种具有很强烈的个人色彩、排他色彩和不和谐色彩，觉得所有存在物都跟自己没有关系，他们是被排除在"自我"以外的，所以我们只会觉得冷漠、妒忌、讨厌、憎恨等。

而另一种认识能力，我觉得这种认识来源于我和所有存在物融为一体的意识。假如具备这种认识能力，我就会觉得所有的存在物和"我"都是一样的东西，所以我就会在心里同情和爱他们。

前者彼此之间有一道高墙，让大家分离开来；后者则移走了高墙，让大家彼此相融合。前者告诉我们自己和其他所有存在物都是不一样的，而后者则教导我们了解我和所有一切存在物都是紧密结合在一起的。

叔本华

所有的人渊源都是一样的，目标也是一致的，使命也是相同的，所遵循的法则也是相同的。

所以，我们必须秉持同一面旗帜、坚守同一信仰，在相同目标的指引下去抗争。

约瑟夫·马志尼

我们应该时时刻刻去寻找自己和其他人的共同之处，而不是去找出自己和其他人的不同之处。

罗斯金

你是生活在人类中间，依靠人类同时也为人类而生活的，所以不管怎么样，你都没办法离开人类独自生活。在这里你必须受到精神活动等众多条件的制约，因为我们天生就如同手、脚、眼睛那样彼此作用；假如互相之间怒目而对、彼此仇恨，不朝向同一个目标，那么这种行为就是违背自然的。

马可·奥勒留

我们不能说非洲黑人不是我们的同胞，就连猴子、马、鸟类和狗，我们都不能这样说。如果说猴子、马、鸟类和狗和我们没有关联，那么我们是不是也可以说非洲黑人和我们没有关联呢？假如非洲黑人和我们没有关联，那所有有色人种也和我们没有关联。那么我们的邻人到底是谁呢？有关这个问题，撒玛利亚人的箴言是这样说的："谁是我们的邻人这个问题以后不要再问了，只要对自己和所有生物的关系有所了解，并同情他们！"

仁善

对于所有人来说，"善"都是极为宝贵的。一个拥有好脾性的人假如缺乏了"善"，那么就没有任何意义了。因为"善"，再罪大恶极也可以得到原谅。

有些善的产生是因为一些外在的、肉体上的原因，像遗产的继承、更好的消化，以及成功，这种善是自然而然出现的，对于体验到它的人本身或别人来说都是极度欢愉的。此外还有一种善看上去不如前者夺人眼球，它来自内在的、精神上的活动。可是一段时间以后，前一种善就会消失，甚至有可能转变成恶，而后一种善是不可能消失的，而且还会继承蔓延开去。

假如你一边叫嚣着行善，一边却内心充满了仇视，或者让其他人仇视自己，那么那件事就要马上停下来，这表明还不具备做那件事的价值。假如你一边工作一边却觉得精神上和肉体上都很难受，那么停下来，先学习怎么愉快工作。只要是没有引发善意的事，现在做还没有意义的事，都应该先学习一番。

即便别人的善表现得如梦似幻，我也必须保持尊重，因为从他们流于表面的游戏中，最后或许会出现很严谨很真实的东西。

可是我们必须毫不犹豫地洗掉自己流于表面的没有依据的善，而且也应该拿走我们内心里因为自尊心而把缺点遮掩起来的幕布。

康德

行善不是满足，而是一种快乐；因为你做了更多的善事，就会觉得还有好多善事可以做。

那些不做善事的人，对空想一些伟大的善事很是在行。

从人的德行来看，人行恶的天然倾向应该是不存在的，可是人具有行善的天然倾向却是毋庸置疑的。

康德

我们只有先训练自己不要对所有人和所有生物行恶，而且不要以他们的痛苦为根基开始自己的生活，那么我们才能从他们身上得到快乐。

人类精神的本性是善，假如一个人不善良，那么他的本性肯定是被一些东西破坏掉了，毫无疑问这些东西就是欺骗、迷幻或情欲。

真正的教义

真正的宗教不仅一定可以回答最虚幻的问题，而且人生最现实的问题也可以通过这些答案予以解决。这种宗教就是在所有人心灵中和人类的社会生活中成立并对精神世界予以巩固。

基督教到底是什么？让我们来听听众多的自称自己是基督徒的人怎么说。他们肯定会跟我们说，所谓的基督徒就代表着你和某种教义相关联。可是相信这种教义的人，互相之间的说法却不一样。有些人说这么信才是对的，有些人却不这样觉得。因为说法不一样便互相攻击、互相讨厌，甚至到了互相伤害而流血的地步。如果这就是真正的基督教，那么基督就不可能是什么救世主，也不可能是来解救人类的。

可是基督本身跟我们说的有关他自己的使命却又是另外一个样子。基督之所以来到这个世界上，是为了把福音带给贫穷的人，让他们得到他们应有的东西，不再被轻视。更深入地说，基督的使命就在于疗愈因为受到伤害而饱受折磨的心；在于跟盲人说他们很快就可以看到光明，不用担心重新失去光明（这里所说的光是统治者在民众愚昧时，让他们如同家畜一样忍受所有约束而被夺走的光）；在于被戴上镣铐的人被释放；在于世界各地的奴隶制度被自由所取代；在于跟世人说终有一天正义会打败一切，那时有权有势的人就会仓皇逃窜，被压迫的人就会无比欢欣。

可是在基督的名下，大家所讲的确实是这些东西吗？基督渴望民众去做的事情都完成了吗？贫穷的人都听到福音了吗？饱受摧残的心被疗愈了吗？盲人真的重见光明了吗？镣铐都打开了吗？被轻视的人得到自由了吗？不，这一切都没有完成，一直到今日，基督依然在十字架上等待义人的降临，让义人早点来吧，因为世界已经腐化得不成样子了，为了等待一道美好的曙光，一直看向东方的眼睛也都开始累了。

拉梅内

并不是因为圣人说的，宗教才变成真理，而是因为宗教是真理，圣人才这样说。

莱辛

人生是一种前进，所以人生的幸福就在于前进的某种"方向"，而不在于某种"状态"。

生命就是运动，因此，生命的美好不是某种状态，而是一种特定的运动方向。这种方向不是为自己服务，而是为上帝服务。

有些人从权力中去寻求幸福，有些人从知识中去寻求幸福，有些人则从情色中去寻求幸福。可是真正靠近幸福的人都知道幸福并不是只属于少数几个人，而属于所有人类；他们知道只要自己想拥有它，就可以一直拥有它。

帕斯卡

荣誉是只考虑自己的状态，而幸福不仅考虑到自己，也考虑到他人；通过斗争可以得到荣誉，可是只有通过爱，才能得到幸福。

俗世的幸福只有少数人能得到，可是真正的幸福和善却应该让所有人都得到。

所以，正确的人生目的一定是寻求和其他人的幸福相一致的善；假如自己的行为方向是这个目的，那么自己也可以得到幸福。

马可·奥勒留

善就是给神做贡献，可是一个人必须把自己动物性的生活舍弃掉才有可能给神做贡献，这就相当于必须把某种可燃物烧掉才有可能生火的情形一样。

虔诚的想法

什么也不做的那个人，一直都有很多帮手吗？懒人的脑子是恶魔喜欢光临的地方。

大自然不知道自己活动的停靠站，并处死所有的无所作为。

人所做的和所经历的事情和真正的幸福越靠近，越愿意和别人分享这种幸福。

只爱自己是不现实的。

简朴

所有干着最为重要的事情的人，私生活往往非常简单，因为他们的精力都投入到最重要的事情中去了。

过和自然相协调一致的生活吧，这样你才会觉得幸运。如果你和世俗的想法一样生活，那么真正的富有，你永远无法获得。

塞内加

所有新的渴望都是新的缺失的开端，也是新的毁灭的开端。

伏尔泰

在所有的奴隶中，最低等的奴隶就是情欲的奴隶。

《塔木德》

因为得到满足，所有的欲望都会平静下来，可是所有的罪恶却会因此继续放大。

卢梭

你拥有更多的欲望，你就会被更多的东西所掌控。因为你要的东西越多，你就越不自由。没有任何欲求，你才可能得到完全的自由。

约翰一世

你们把享乐、奢靡这样的东西叫作幸福。我却觉得最高的幸福、神的福祉是无欲无求，而内心淡泊的人已经离这种幸福很近了。

苏格拉底

人如果顺其自然地生活，所欲求的东西其实不多；假如顺着世俗的习性，那么欲望则是无极限的。

假如想把植物培育得健康兴盛，那么是有必要修剪的。

约翰一世

简单的价值是极高的：所有人只有过纯粹的生活，才不会觉得缺乏，也才不会依赖人。

祈祷

八月二十一日

在你抵达至善的那一刻，在你的意识中显现出了对自己生命意义的最高认知，这才是真正有用的祈祷。

假如觉得祈祷是通过内心里某种形式、用礼拜神的行为来得到神恩，这种观念是彻彻底底的谬论，而且带有严重的迷信思想。因为那只是对不需要任何证言的存在物（神）表达有辩驳意味的心愿，这样的祈祷并不能完成任何我们应该履行的义务，所以从本质上来说是没有对神做出任何贡献的。

表达心愿必须全部借助对神的奉献行为。也就是说，那种心愿一定要是我们的所有行为都是向神做贡献——这中间才会有心灵的祈祷，这种祈祷才是真正意义上的祈祷，这是我们应该有的，也是我们能做到的。假如这种心愿的外面被语言或形式（即便是内在的）所包裹，那也只是为了让自己里面生出这种感觉，只是具有这样的意义。

康德

因此你在祭坛上供奉礼物时，假如想到弟兄们对你还有怨言，就先把礼物放在坛前，先去和弟兄们搞好关系，然后再来供奉礼物。

《马太福音》5：23～24

有时，我们会像个小孩子一样，想找个倾诉对象（神），祈求帮助。可是这种感情可不可取呢？其实并不算可取，这代表了软弱和信念的缺失。想要对神倾诉，祈求得到神的帮助，看上去好像这么做是因为拥有信仰，可事实上并不是这样；祈求得到神的帮助表明你依然缺失信仰。像世界如何神早做好了安排，你不需要再向神祈求什么；如果发生了什么不幸的事情，只是想跟你说，你还有一些地方必须改正；不管什么时候，你必须要做的就只有你一定要做的事，因为任何事物都有其道理。以上这些事情你仍然心存疑虑。

你们祈祷，不能像外邦人，反复说很多相同的话；他们认为话说多了肯定会被听到。你们不能学习他们，因为你们没有祈祷以前，你们的父早就已经知道你们需要用到的东西了。

《马太福音》6：7~8

相比一个星期行为不佳的礼拜，一小时真正严谨的思考要高贵得多。

本杰明·哈里森

只要遵从神的意志，就不需要再祈求神什么。

不管什么时候都可以祈祷。在平常生活中时时想到自己要对神和神的法则应尽的义务是最迫切、难度最大的祈祷。真正的祈祷是每当害怕、生气、迷惑时，你必须意识到自己到底是什么，到底应该做些什么；这刚开始做或许有很大难度，可是形成习惯以后就很简单了。

我们常常听到这样的说法：人的生命产生于种种物质上的能，而且把这些能当作依靠的想法是有害的。可是这种虚伪的思想却被叫作科学，而且还被视为神圣的知识向人类传播，因为这种学说而带来的毒害就更加恐怖了。

现代科学家对宗教、道德和人生所持有的观点太混乱了。现代科学在对"物质世界的秩序"这一个范畴进行探索时，尽管也取得了比较瞩目的成就，可是对于人类生活本身来说，这根本不需要，甚至还会引发有害的结果，这种现象让人唏嘘不已。

假科学和假宗教在表现其独有的观点时，常会运用夸张、矫揉造作的语言，可是对于信仰不坚定的人来说，这种浮夸的语言极易变成神圣而关键性的东西。不仅别人觉得学者所探讨的很费解，而且他本人也并不是完全了解，那和职业传道者的传道是一个道理。显摆学问的人尽情展示拉丁语或其他美妙的语言，将最简单的东西弄得云里雾里，这就如同牧师的拉丁语祈祷对大多数人来说很费解一样。神秘并不能给睿智做证，人拥有的智慧越高，他越会用简单的语言来表现思想。

露西·马洛里

现在问世的书籍尽管从数量上来说很丰盛，可是通常情况下，这些书籍给读者带去美好的收获了吗？保险公司的增加有没有降低自然灾害的发生率呢？我们用现代羸弱的神经取代了卓越的精神力量吗？我们擅长给出我们的信念的概念，可是通过行为的方式完成了吗？斯多噶学派之中可以这样说，都是属于斯多噶学派的人，可是自己标榜自己是基督徒的人是不是都是真正的基督徒呢？

爱默生

个人没费多大气力就快速收集了很多知识并不是什么值得拍手称快的现象。

这样的知识并不结果，只是在日后长成了作为肥料的叶子。

我经常会遇到一些人，他们所知的事情甚多，让人惊讶不已，可是那所有知识都只是浮于表面。人通过自己的打磨所得到的东西才会永远镌刻在他的脑海中，而且不管什么情境下，他都能通过这个明白自己的路应该怎么走。

利希滕贝格

学问不能被当作装饰所用的皇冠，也不能当作赖以生存的斧头。

《塔木德》

假如一直让子孙在把祖先所做的恶事看作好事这件事上努力的话，还不如尽可能把我们现在所做的恶事都清除出去；假如要像菲利普或亚历山大那样，出名是通过给很多国家带去祸乱、犹如洪水猛兽般席卷很多国家、像发生火灾一样让无数生物毁灭的种种粗鲁行为而得来，去歌颂自然的秩序还好一些。

塞内加

如果知识的目的是得到外在利益（像文凭），那么这样的知识算不得真正的知识，只有听从内在的召唤所吸引来的知识才真正对自己和邻人有用。

现在科学就是一个给懒人发通行证的长官。

学问的真正目的在于对人类谋得幸福的真理有所了解，可是现在的学问的目的却是为了自我掩饰，而掩耳盗铃的后果则让人类蒙受不幸，像政治学、经济学、法律学，特别是神学都具有这种不正确的目的。

真理

如果人的德行是无懈可击的，他就不会偏离真理的道路。

世人因为自己的恶行，尽管有光，却不爱光反倒爱黑暗，给他们定罪就是这样。只要是做了恶事就对光憎恨不已，不靠近光，害怕他的行为受到批评。可是走在真理这条道上的人却走向光，因为他要告诉世人自己是依靠神向前进的。

《约翰福音》3：19～21

不管一个人是富贵还是卑微，是有知识还是没知识，我们都不要恐惧；对于所有人，我们都要尊重、要爱，但不要怕。任由理性向你展示的真理，一直坚守你的信念，可是不需要等待大家和你观点一致。拥趸真理的声音越小，它本身就会发出更响亮的声音。我们要相信，相比偏见、害怕、热情、迷惘，真理都更加具有力量，并随时随地准备吃苦吧。我们都知道真理是恒久的，并不会只出现于某个地点某个时刻，是在各个地方都适用的，是和神合而为一的，和神一样具有力量。

伊凡·蒲宁

不要在腐烂的书本中寻求真理，到思考中去寻找吧。想看月亮

八　月│135

时，抬头望天，不要低头看水池。

波斯谚语

和你融为一体的至高精神会看穿你所行的所有善恶。

只有通过勤劳和省悟，我们才能了解到真理，从聊天或问答中，我们是认识不到真理的。

罗斯金

只有做恶事的人才会觉得真理是有害的，做善事的人一定觉得真理是有益的。

向完美迈进

八月二十四日

　　尽管速度比较慢，可是人类始终没有放弃奔向和谐的、美好的理想境界。

　　不管是个人还是全体人类都一定要从低一点的状态发展至高一点的状态；一直往前迈进，最终会抵达神的境界；所有状态都是出现在它的前面的状态的结果；人的成长状态就和胚芽一样，也是不动声色的；没有任何东西会对其连续发展的状态进行损坏。可是如果个人或全体人类都必须和基督的成长方式一样，那么其成长过程就无法逃过困苦了。

　　基督用他的言行告诉我们——在取得卓越成就以前，在抵达光明世界以前，必须先经历黑暗中的探索，必须容忍折磨；舍弃肉体才能拯救灵魂；一定要在十字架上死去才能使复活后出现更强大、更理想的生。十八个世纪以后，人类的成长又多了一个阶段，还在持续变好。旧社会、旧制度，还有组成旧世界的所有东西都瓦解了，如今大家都在害怕和烦恼的废墟中挣扎。你们肯定也为此烦恼不已，可是振作一点吧，过去所有的东西只是穿旧了的衣服，穿它的实体本身依然存在；所有凋零的东西只是如同秋天纷飞的落叶而已，可是秋冬逝去，春天会再次来临；尽管我们现在处于黑暗的境地中，可是三天以后，基督会在这里复活啊！

拉梅内

神的话说得并不是很清楚，神的思想也没有带给我们充分的启迪，在永恒的时间之流中，无所不能的神肯定会创造越来越多的东西。可是我们的头脑却没办法彻底明白这个。过去的时代只是对神所创造的部分进行了展现，可是我们的使命还在继续，对其根源，我们还有待弄明白；对其最终的目标，我们更是一无所知。时间、知识和不同发现只是把我们使命的境界拓展了；随着时间的流逝，我们也会在使命的催促下，不停地去探索那些还有待我们继续了解的法则，而走到之前未知的境界。

约瑟夫·马志尼

保持前进，加快速度；一定不要停下来、不要后退、不要误入歧途。一旦停下来便不会进步，而不进则退，一旦乱了就会误入歧途。

假如想进一步上升，就不要满足于现状，因为人是很容易停滞不前的；假如你满足于现状，就相当于宣称自己的完结。

奥古斯丁

对你应该做的事保持爱，可是对于你已经做过的事就不要再爱了！

马可夫斯基

每个人的生活都充满了灵与肉的斗争，而斗争中最后的赢家通常都是灵魂。可是每一次的赢都只是代表一个阶段，斗争是没有终止的，人的本质就是由这种斗争本身组成的。

人内心里会不断爆发理性和情欲之争。如果人只有理性，或者只有情欲，就可以得到某种程度上的平安。可是因为人具备这两种截然相反的东西，斗争就会永不停息；既然这两者之间不断爆发战争，人当然就没办法平安，难逃自我分裂和自我冲突的境地。

帕斯卡

　　人的世界总是不停迈向理想境界的，对于人来说，迈向理想的意识是相当令人高兴的，而当人发现他自己也正行进在努力前进的队伍中时就更加感到高兴了。

论劳动

八月二十五日

肉体生活必不可少的一项条件就是劳动，如果鲁滨逊不劳动，那么他要么冻死了，要么饿死了，这是所有人都可以认识到的事。可是对于精神生活来说，劳动也是不可或缺的条件，这尽管也是毋庸置疑的事，可是并不是所有人都知道。

即使是预言家，假如不想付出肉体劳动，也会出现力量缺失、真理缺失的现象——这件事是不可置疑的。现代文学或哲学所陷入的过于华丽、奢华、忧伤的错误或罪责，我相信这都源于文学家或哲学家的生活都已经形成了一种孱弱的习惯，事实上不需要那么多人写那么多自视"伟大"的书，只希望作者可以勇敢地从现在的生活状态中走出来。

爱默生

自己动手，会对外在世界了解得更深刻。

只有创造财富的人才会拥有财富的真正利益，那些无所事事，只希望天上掉馅饼的人是不会拥有的。

当我拿着铁锹游走于院子时，我就会觉得悠闲自在、全身都充满了活力。平常因为很多本来可以自己动手完成的事情却假手他人，以至于没有体会到这种幸福。而自己动手做事不仅仅会让自己觉得很满足，有益于身体健康，而且本身就是一种教育。

面对农夫、园丁或厨师，我经常会自惭形秽，因为这些人可以自我满足，不需要通过我的力量也可以自己生活，可是我却要依赖他们，而丧失了使用自己手脚的权利。

爱默生

不劳动的人不应该吃饭。

无所事事的人，事实上就是在做坏事。

不劳动的人总需要很多恩人。
懒人的头正好适合给恶魔做窝。

钓人的恶魔在诱导人时会用各种饵，可是如果面对的是懒人，就什么都用不上了，因为懒人会自动上钩。

不管你是哪个阶级的人，也不管你现在是什么状态，你都应该做个爱劳动的人，把劳动看作人无法规避的命运。

自然本身在不停地运转着，它会给所有不活动者判处死刑。

歌德

不纯净的活动是卑鄙的，可是德行上最丑恶的状态就是任意放纵自己的肉体。

正义经常被当作评价行为的标杆，可正义并不是美好生活的唯一目的，除了正义还有其他的东西。

假如想要击中目标，就必须从更远的地方瞄准。同样地，为了得到正义，应该进行自我否定，也就是应该严格要求自己；人经常因为宠溺自己而不能公平地对待别人。

完全的正义和真理是很难实现的，可是正人君子和不正之人（小人）的区别在于想要实行正义的意志和想要抵达正义的心愿不同；真诚的人和虚伪的人的区别在于其对真理的希冀和对真理的信念不同。

虚伪的道德、虚伪的爱和虚伪地奉献给神都是比不义还要坏的东西——在假基督徒的世界里，这样的人比比皆是。他们想象着自己正在遵守爱的法则，或表面上假装是这样，实际上却对正义的要求置之不理，所做的甚至是只对自己的要求进行满足的恶行。在这种情形下，即便看上去他们好像在把自己奉献给教会、穷苦的人，以及做慈善事业，可实际上他们的付出是建立在同胞的血泪基础上的。

从某个层面来说，正义可以对我们的很多问题做出评判，可实际上，人生不同问题的解决方法有很多种。

生命中只有一个很宝贵：不停地与人们的谎言和不公正相碰撞，自己不厌倦成为温顺的人。

马可·奥勒留

假如有人用不义让你痛苦，你也坦然接受吧！行不义的人本身才是最不幸的。

没有什么完全的正义，不要觉得自己已经很完美了，自己只是走在完美的路上。

只有明白自己依然在未完成的路上，才能避免因为违背正义而犯罪。

一切尽在自身

八月二十七日

对于每个人最需要和最重要的学习科目——就是他自己，他的精神本质。

知晓所有科学但是不知道自己本身的人——可怜的无知的人。除了自己本身，自己的精神本质其他什么都不知道的人——完全是知识渊博的人。

大多数人想知道上帝但不想知道自己本身。然而让他们在自己内心认清和培养善良，那么那时候他们就认出上帝了，因为没有别的路径去结识他。

露西·马洛丽

当人类向自然界问询他是谁的时候，——他得不到回答，因为只有他自己有这个问题的答案；他应该认清他自己本身。

露西·马洛丽

当你感到需要力量的时候，——单独走开吧。

梭罗

通向荣誉的道路穿过宫殿，通向幸福的道路穿过集市，而通向美德的道路穿过沙漠。

中国谚语

对于绝大多数人来说他们的内心世界都好像有一个海洋，是那么的宽广，让他们不能决定跟随它；但是或早或晚他们不得不进到其中，在其中寻找那个天堂般的栖息之处，就是那个他们在外部世界徒劳无功地寻找过的。

露西·马洛丽

人类永远都有被从所有灾难拯救出来的地方：这个地方——是他的灵魂。如果只要人类清楚了他是谁，那么他的苦痛对他来说是多么微小啊。

人生取决于信仰

人生取决于信仰。

其他所有认识都要以宗教的认识为根基。宗教的认识先于其他所有认识，所以它的概念，我们没办法定义。

我们必须决定自己如何看待世界，这样才能认识到所有的人生而平等，也才能认识到与其强制性要求别人侍奉我们，还不如把自己的生活奉献给别人，而我们如何看待世界则取决于宗教。

就如同小孩子会将他不喜欢的、他觉得不必要的根掐断，然后种上他喜欢的花朵一样。道德的基础必须建立在宗教之上，没有宗教，真正的没有冲突的道德就无法确立，就好像没有根，不管什么植物都没办法生长一样。

一个生性善良、耿直的农夫在反思过去时，神父问了他一个再寻常不过的问题："你信神吗？"

农夫说："不，我不信。"

"为什么呢？"

"哦，神父，如果我信神，我就不会这样过日子啊！信神的教诲的您本身不是只用吃吃喝喝，只考虑自己，忘了神和弟兄们吗?"

如果所有人都可以像这位农夫一样对信仰如此了解，那就太好了!

假如一个人没有宗教，和世界没有关联（就算没有明显发现），那么就好像一个没有心脏的人，是无法活下去的。

信仰分两种：一种是对大家所说的话深信不疑——这是对人的信仰，这种信仰每次出现的面貌都是不一样的。还有一种是对自己依附的把自己派送到这个世界上来的神深信不疑，这是对神的信仰，这是所有人所共同拥有的，仅有的一个信仰。

人类精神所恒定不变的特质就是信仰。

信仰就是人对未知事物的关系，人不可能没有信仰，人总会信仰某种事物。因为人不仅可以感知到自己所知道的对象，还可以感知到自己未知的对象，而人又一定可以和它发生关联。

人不仅可以常常感知到未知事物的重要性和卓越性，也可以常常感知到可知事物的无价值。

人的"宗教"的成立并不是因为人怀疑太多，并尽可能想求得信仰一类的复杂因素。宗教的成立是通过非常简单的因素，这样的信仰是轻而易举的。

卡莱尔

　　我们尤其需要借助信仰的尺度来对所有事物进行权衡。我们一定要远离所有和信仰相违背的东西，从而一心一意地对待和信仰相协调的事物。

灵魂的神圣本质

假如人可以认识神，并在自己心灵中感觉到神的存在，那么他就可以了解并感觉到自己和世界上所有的人都是密不可分的。

所有人都生活在同一个家族中，隶属于同一个自然，来自同一个光，同一个根源，核心目标和幸福目标也是一样的。这个可以在所有宗教中找到的伟大的真理，于我们来说没有比这更伟大的真理了。我们不仅通过理性予以认可，而且它也的确是我们与生俱来的本能。

伊凡·蒲宁

假如一个人会对更高尚的东西予以尊敬，那么他心中便不会再有自大，就好像在阳光的照射下，磷光会消失一样。这样的人心中就有神——心中纯净、谦卑的人，亲和、俭朴、简单、把所有人都看作朋友的人，不仅爱惜自己的心，也爱惜别人的心的人，慈爱对待所有人的人；乐意做善事，不爱慕虚荣的人。

普拉纳

不管是你，还是我，还是在其他所有人心中，都可以找到生命之神。你不应该因为我的靠近而生气。你应该知道我们所有人生而平等，所以不管你身居多么高的位置，你都不能骄傲自大。

印度经典

所有可以在自然界产生、形成的分子在精神里面都是找不到的；水、空气、火这一类的东西在精神里面也是不存在的，最起码像水、空气、火这类东西不拥有储存、理解、思考、认知过去、现在、将来等能力，因此自然界起源的痕迹在精神里面是寻不到的，而这些能力的特质都隶属于神，你只有在神里面才能找到其根源。（而有一种要素和现象界的要素都不一样，很显然那就是精神的元素。）所以，拥有感知、思考、生活和行动的人类绝对可以在神中找到根源，也具备永久性；神是不会死的，他是自由的精神，人的精神和神是相结合成一体的。

西塞罗

我的心被一种高尚的思想所占据，那就是察觉到我心的伟大，我的心和神合为一体。可是这种察觉来自我的心认可神的能力、向神靠近、向伟大的使命感靠近的能力，还有它的永恒性，而不是来自我对神的盲从。

卢梭

因为所有人的根源都是一样的，所以所有人都本应亲如一家人，所以不爱邻人反倒是一件不太正常的事情。

　　所有人都知道，人的理想是过和谐的、善的生活，可是这个理想人却没有实现。

　　对道德基础已经不稳固的旧社会的末日，基督曾经做过预言。基督还跟弟子们预言，当时人们所建造的物质祭坛会土崩瓦解，基础更为牢固的祭坛会取而代之。他还对后世会发生的所有事情进行了预言，他觉得后世的人和他所处的时代的人一样，也会因为同样的现象而想象世界的末日。

　　如今我们所处的时代就是基督曾经预言的时代。世界由此及彼所有的根都不稳固了，民众社会生活的基础，像制度和组织都开始动摇，大家都觉得所有东西会快速崩塌，连神殿的祭坛也会全部损坏。可是就像耶路撒冷和神殿的损坏，是为了让新的城市和神殿经由人们的手齐心协力打造出来，今天在很多神殿和城市的废墟中，人们也会打造出肩负着世界共同使命的神殿和被全人类当作故乡的城市。

　　现在大家彼此仇视，视兄弟为陌生人，互相之间埋下仇恨和战争的种子。但等到有一天大家发现根源都是一样的，那时大家就会在爱的法则中互相融为一体，修建起共同的祭坛，建立起共同家园一样的城市。而如果在那样澄明的世界到来以前肯定会有一段无比挣扎的过程又会怎样呢？善恶打起来也没事，受到"鞭挞"也没事，现在你的任务不就是战斗吗？可是在这个被狂野、自大充斥的时代，应该小心假基督和假无知。在离开民众的荒野中根本找不到基督，基督也并不仅仅只能在隐蔽的地方或某些阶级中才能找到。觉得自己和别人不一样，只能救赎自己的人是早已经对基督不认可的人；基督却打破了这种区别，他向能爱神和爱邻人的人保证会一直和平、快乐；我们不要去其他地方去寻找基督，他会存在于所有有爱的地方。

拉梅内

相比住在山下的人，住在山上的人看到日出的时间要早一些；相比受到拙劣物质主义束缚的人，位于精神之巅的人看到神的时间也要早一些。可是太阳很快就会升高，不久大家都会看到它。

世界先进思想

经常会有人察觉为别人而死其实很轻松，我们能否希冀将来终有一天大家都察觉到为别人而活才是再简单不过的一件事？我们要做的准备是随时把自己奉献出去，我们只有提高和澄清心灵，才能把殉道者用死来表现的牺牲和奉献的精神提升到生活层面上来。

布朗

这个世界运行着一股强大的力量，无人可以阻止它，它运行的证据就是对宗教的新认识、对人真正的尊重，还有五湖四海都是兄弟的情怀。这是我看到并感知到的，在它之前所有苦恼都烟消云散。当整个世界都被这股精神所萦绕，战争被和平所取代，这股自然力量霸占了无法克制的、无穷尽的自私心时，"世界和平、人人幸福"就会落到实处了。

伊凡·蒲宁

假如这世界被亲切的人所掌管，这样的幸福日子将是我难以想象的，可是这样的日子终有一天会变成现实的，穷苦的人也终会实现这一愿望。在审判之日，心地善良的人才会被神呼唤出来授以神之道，而不是有权有势的人。

罗斯金

　　因为出现了更宏大的理想，曾经的理想就像太阳之前的星星一样失去光芒。可是就像人不能无视太阳，人也无法对这个宏大的理想予以否认。

艺术

假艺术家可以马上冲进被批评家所歌颂的假艺术作品的大门。

说出来可能是让人毛骨悚然的，可实际上现代的艺术确实有这样一种倾向：就如同把女性作为母亲最美的使命出卖了，换得最低等快乐的女人。

现代的艺术是娼妇，这样的比喻实在是不能再恰当了；现代艺术和娼妇一样，总是无比妖媚地打扮自己，随时准备把自己卖了，去引诱人、毒害人，等待嫖客的光临。

真正的艺术作品就像母亲怀孕一样，极少会在艺术家的灵魂中出现，那是过去生活所结的硕果。

只要有顾客，假艺术就会持续生产。

真正的艺术就像和丈夫有浓情蜜意的妻子一样并不需要精心打扮，而假艺术却像娼妇一样需要把自己打扮得花枝招展。

真正的艺术是为了把成熟的情怀表现出来，那种要求是基于内在的，就如同母亲之所以怀孕是因为爱一样。

假艺术是因为利欲，就如同娼妇一样。

真艺术就好像妻子的爱情结果让人生拥有新生命一样，会给人生注入新情感。假艺术则是腐化、对无穷尽的私欲予以满足，击垮人的精神。

只有我们把以上种种事情都了解透彻了，才能摆脱向我们迎面袭来的邪恶、淫乱的现代艺术之不洁的洪流。

想用艺术来维持生活所需的所有努力，是人所选择的一条最坏、最没有益处的道路。因为不管哪个时代，有听的价值、有关注价值的作品都只是来自很少一部分人。这些极少数人的作品都立足于现实问题以外，他们就如同传说里的天龙一样，不倾诉出来，宁愿饿死。而你就算对他们的声音避之不及，也一定会心怀恻隐之心给他人赠送面包，用来让他们继续生活下去。尽管为了维持生活所需而去创作的人觉得自己比普通乞丐要幸福得多、高贵得多，可是从根本上说，他们只是跋扈的、无益的乞丐。我曾经给做工的流浪者送过钱，可是对于弹奏噪音的人、用谎言引诱女孩子的人、画没有趣味的画的人、用肮脏的毒物使得民众消极的人，我是绝对不会拿钱给他们的。无法通过正当的途径来得到生活费的人还不如把嘴巴紧紧闭上，在街头默默地行乞，大家会在同情心的驱使下打发他们。

罗斯金

不要把自己的才能贩卖出去，你把才能贩卖出去时相当于亵渎神圣、犯了卖淫罪；你可以用自己的劳力换钱，但不能拿灵魂去换。

假如商人一直存在，艺术的殿堂就不能被叫作殿堂。将来的艺术应该是不会有商人的立足之地的。

九月

生 命 的 善 行
——托尔斯泰陪你走过春夏秋冬——

烟酒

九月一日

　　一旦我们违背了人生的法则，理性会提醒我们。可是对于人来说，违背人生法则是愉悦的而且会形成习惯的，所以人会尽力去把理性的声音克制住，以免自己理不清头绪。

　　人类的拯救和处决在于，当他活得不对时，为了不看见自己处境的困苦，他能蒙蔽自己。

　　生活不能遵循良心的道路走时，良心就会跟着生活变形。

　　枪林弹雨中，因为有警备力量的保护，那些闲得无聊的士兵为了让自己暂时摆脱临危恐慌感，就会不停地做事情。普通人有时也和这些士兵一样，对纸牌、法律、竞技、名誉、女人、狩猎、竞马、酒、政治等多种方式拥有无限的热情，以此来掩盖自己对生命凶险的害怕。

　　如果人们摆脱了烟、酒、鸦片等对自己的麻痹，这个世界将会变得无比幸福。

　　传说有些宗教的信使，会在聚会之后熄灭灯以继续淫乱；在我们的社会，人们会用烟、酒、吗啡等来掐灭理性之光，然后继续淫乱。

让所有人都远离各种恶的诱惑，这是对现代人生活进行改善最重要的事。可实际上大家却不停地用烟酒来麻痹自己。

借助某种东西来麻痹自己也许还不能称为罪恶，可是那已经给犯罪打好了前站。

现代人生活的腐败，特别是蠢笨的情况，基本上都是来源于他们进入了酩酊大醉的状态，而酩酊大醉的人又怎么可能安静下来做他应该做的事呢？

为了自身的利益，政府竟然给人民供应有害其身心健康的烟酒，并将之当作一种义务，这是政府没有考虑到民众的道德和幸福的铁证。

或许你会说，喝酒、抽烟并没有什么大不了，可是如果你发现因为有人效仿自己喝酒、抽烟，并因此受到毒害时，你就应该很严肃地考虑戒烟戒酒了。

狭隘与宽容

九月二日

人和真理的距离越近，越会体谅别人。

没有信仰的人气量狭小，难以容人；也就是说，因为他们不知道，也无从知道真正的信仰其实并不以人的意志为基础，对于人生的精神基础，他们也持怀疑态度，觉得信仰只是一种外在形式，所以他们心胸狭隘。也正因为这样，才会断断续续出现如下情况：从残害基督的法利赛人到现在的统治者，无信仰的人都会压迫和驱逐有着坚定信仰的人，可最后的结果往往是有着坚定信仰的人不仅信仰没有变弱，反而更加强大。

通过良心和理性的力量，信仰才会被神带进人的心灵。而通过武力和威胁的手段是不可能做到这一点的，它只会把害怕引入人的心灵。对于那些没有信仰或深陷其中的人，我们不需要斥责他们，因为即使他们没有受到谴责，他们也会因为自己本身的一意孤行而变得非常不幸。只有当他们竟然因此获利的情况下才应该被指责，要不然妄加指责只会让他们心烦，反而对他们有害。

帕斯卡

有件事情我们必须要了解，而且不容怀疑，那就是：如果我们心怀善意去做温暖的、平和的事情，却始终未能成功，那绝对是因为时机还不成熟。

信仰和爱一样，不能采取强制性的手段来激发。所以想要通过国家的工具来引导信仰或保持信仰是很危险的一件事情；就好像强求爱反倒会让人讨厌，强求信仰反倒会变得没有信仰。

叔本华

当我们发现祖先所认定的真理的荒诞之处时，具有理性的我们不要哭喊，这是最卑鄙的做法，我们应该剔除旧的，找出新的和谐的基础。

马蒂诺

僧侣的狭隘和追求权势的人，二者会出现的自然后果就是对宗教的不认可。

无信仰之人和狂信者都是狭隘的。

真正的信仰对外在的形式或支持、强权的庇护都是不屑一顾的，也不必烦恼它的传播（神的时间是无穷尽的，对于神来说，一千年和一年没有区别）。想用权力或外在的形式来给自己的信仰作支撑，或急切地想把自己的信仰传播开去的人，他要么是个信仰不坚定的人，要么是个完全没有信仰的人。

我们很难理解神，可是我们也很难对它的存在予以否认。

以前看到人生的种种现象时，我并不思考它们来自哪里，为什么我可以看到它们。

而当我开始对所有事物的根本原因进行思考时，我觉得这一切都起源于智慧之光，我对这种想法感到很知足——我很高兴把所有都归结于同一根源，而这一根源就是智慧。

可是后来我发现智慧之光之所以会照到我们这里来，是因为某种玻璃的反射。虽然我们看到了光，可是我并不认识给予光的东西，尽管我知道它是存在的。

我并不了解这个反射智慧之光的根源，只知道神就是它所存在的东西。

有关神的本质，我们不要尝试着去探求；想要对神本来不想让我们看到的东西去探究是对神的亵渎，是没有信仰的。

米南德

不要尝试着去探知神的本质，这样的努力是徒劳的，只会让自己累到虚脱，我们所要做的就是信神，把自己奉献给神。

我们甚至不要绞尽脑汁地去探知神存在与否，最关键的就是视神是存在的，而且随时准备把我们自己奉献出去。

菲利门

　　没有人到达过伟大根源的神秘之中，没有人曾经迈出过自己的一步。哦，你，不管是圣贤乞丐，还是穷人富人，所有人都在追寻你的脚步，要抵达你那里太不容易了。你的名字响彻在所有人耳边，可是所有人都听不见。虽然你就站在所有人眼前，可是大家的眼睛都看不见。

欧玛尔·海亚姆

　　我们得靠自己彻彻底底隶属于神的意识来感知神的存在，而不是通过理智来判断；我们意识到自己是在神之中，这就如同于婴儿在母亲怀中的体验一样。

　　对于照顾他、关怀他的人，婴儿并不知道，可是他明白存在那么一个人，而且也只知道这个，可是他却真心爱着自己所依赖的人。

　　人都渴望自己像神，可是僧侣却始终想让神更像人。普通人却不假思索地认可这种神的定义。

达古

　　因为没办法完全了解神，你就觉得疑惑，这是不可取的；对神解释得越多，你离真理就越远，神也不会再是你可以依靠的支柱。

　　高尚的德行或真正的幸福是需要不停地努力的，不是轻轻松松
就可以达到的。

　　尽管学校里会告诉我们读写，可是并没有告诉我们是不是要给
朋友写信一类的事情。同理，尽管我们从学校里学到了唱歌、跳
舞、表演乐器，可是什么时候唱，什么时候跳，什么时候表演，我
们却没有学到。

　　只有理性能告诉我们事情有没有做的价值。

　　当神赐予我们理性时，也就相当于交给我们于我们而言最重要
的东西，和我们可以掌控的东西。

　　下面一段话好像就是神把现在的我创造出来以后对我说的：
"爱比克泰德啊，我本来可以给你比卑微的肉体和命运更大更好的
东西，可是请原谅我没有那么做。我并不想让你随心所欲，可是我
却给了你我的一部分；我把趋善避恶的能力给了你，还给了你自由
的惯性；如果你能把理性注入你所经历过的一切事情中，可以行走
在我为你选择好的路上，你就不会遇到任何阻碍，对于命运，你也
就没有什么好哀叹的了，你也不会再欺骗他人或诽谤他人。对于我
所给你的东西，你不应该很满足吗？难道一生都在理性的驱使下过

平和快乐的生活你还不知足吗？"

爱比克泰德

在商汤的盥洗盘上，我们看到了这样的话："每天都让自己拥有新东西吧！每天都给自己注入新鲜的血液，再注入新东西！"

（这句话的原文：汤之盘铭曰："苟日新，日日新，又日新。"）

中国金言

君子的德行让人不禁联想到攀高峰、走远路；抵达远处必须开始于第一步，登上高峰必须始于山麓。

（这句话的原文："君子之道，辟如行远必自迩，辟如登高必自卑。"）

孔子

所有人都知道，一件事情只有知道怎么做，才能把它做到极致；同样地，只有知道活法，才能活到极致。

爱比克泰德

在自己背后的影子中，也就是荣誉中是没办法找到真正的德行的。

歌德

假如一个人对自己已经完成了的分内之事了如指掌，兢兢业业工作到最后，他就是幸福的。假如并非这样，那他即便把工作完成了也丝毫不会觉得快乐和放松。

爱默生

　　当我们朝善的方向努力时，不要渴望马上成功，也不要渴望亲眼看到自己成功。因为当我们大步向前时，作为目标的理想也会不断向前推进，所以我们努力的果实，我们自己是看不到的。努力不是一种手段，其本身就是一种目标，努力本身就会带给我们回报。

处罚

俄语中的"罚"有"教"的含义。要想让其发挥教的作用，只有通过举例才有可能；假如以恶制恶，则不能称为教，反倒会毁灭对方。

那时彼得上前对耶稣说："主啊，我弟兄以恶待我，我应该宽恕他几次呢？到七次行吗？"耶稣说："我跟你说，不是到七次，而是到七十个七次。"

《马太福音》18：21～22

即便人具有对他人进行处罚的资格，那么谁又配拥有这个资格呢？只有那些对自己的罪恶一无所知，也浑然不觉自己是个罪人的人才会自诩自己有这样的资格。

一个行淫的妇人被学者和法利赛人带到正中间，他们对耶稣说："夫子！我们缉拿了一个正在行淫的妇人。在律法上，摩西曾命令我们要将这样的妇人用石头打死，你说应该如何惩治她呢？"他们这样说其实是为了探耶稣的口风，企图抓到他的把柄。而耶稣却弓下身子在地上用指头画字。他们不死心，继续发问，耶稣这才站直了身子说："你们中间谁如果没有罪，就用石头打她。"于是又弓下身子继续在地上画字。他们听到这话以后，就从年老的到年轻的都纷纷出去了。最后只剩下耶稣一人和那个依然站在正中央的妇人。耶稣站起身来对她说："妇人，那些人去哪儿了呢？没有人说你有罪吗？"她说："主啊，没有。"耶稣说："走吧，我也不治你的罪，以后不要再犯罪了。"

《约翰福音》8：3～11

人们都自诩拥有对他人进行处罚的权利，这是世上很多不幸的根源所在。而世人一直以来的习惯就是"以牙还牙"。

假如有人有罪于你，不要介意，原谅对方吧！这时你会从中得到原谅别人的快乐。

真正的处罚是让罪人从内心深处把恶因除掉，再次得到人生的幸福。外在的处罚只会让罪人进入迷乱的状态。

刑罚对人是极其残忍的，正是因为刑罚的残忍，人们才会制定出这样的东西。现代人的坐牢和百年前的笞刑，从残忍的角度来讲其实是一样的。

美国印第安人从来没有遵从过任何法律、权力和政府，是习俗还有所有人天生的道德意识一直在引导他们。当他们的行为不得当时，群体就会排斥他们、羞辱他们，这就是他们所受到的处罚。尽管在处罚方面他们的制度还不健全，可是他们中间犯罪的人却很少。

假如问："人在哪种状态下更容易犯罪，是美国印第安人法制不健全的状态，还是欧洲文明人法律条款事无巨细的状态？"对双方生活条件进行过认真调查的人肯定会说："很显然是法律条文过多的一方。"他们还会说，"羊过它本来自由自在的生活就是幸福的，狼的照料是多余的。"

杰斐逊

屈从于学问之下的很多东西不仅一点意义都没有，甚至还会起到毒害的作用。其中最典型的例子就是有关"刑罚"的学问。

对于人来说，迷妄是再寻常不过的状态。可是在某些时代或某种社会，它却相当普遍；现代，就算处于基督教社会也是对这种广泛性的迷妄进行了展现。

相比其他人，有学问的人犯罪更加恐怖；相比读书人的恣意妄为，无知民众的淫乱还要好一些；因为后者只是因为冲动而迷失，而前者却是眼睁睁看着自己掉入井里。

萨迪

前者所描述的情形正是现代文明人所犯的罪。

一般人因为觉得生活很无聊，所以会不断寻找满足，四处流浪。可是他们并没有觉得拽着自己到处跑的情欲该是有多么无聊。

帕斯卡

吃荤的早餐好像因为一份刊载有多种犯罪或可怕消息的现代报纸而让人的心情更坏。受到肉食和报纸的双重恶劣影响以后，大家极易爆发冲突、战争或自杀是很正常的。假如每日还能这样幸福地生活才会让人觉得匪夷所思。这些东西相当于催眠人的身心，让人整日处于忧思、惶恐和没有希望的状态中。

露西·马洛丽

经过一段时间以后，人会因为灵魂的丢失而难过，又开始想起它来了。丢掉灵魂是一种在世界上广为流传的疾病，恐怖的疾病正对现代种种现象产生威胁。我们没有神、没有宗教，人没有了灵魂，只是虚无地寻找着治疗的方法，可是我们只能眼睁睁地看着身体的健康每况愈下。

卡莱尔

鸵鸟被杀时会把头缩进去，而我们为了保证自己的生活所做的所有事情比起鸵鸟更加荒诞，为了对不稳定的未来生活予以保证，我们反而会破坏现有的稳定生活。

现在我们应该对资产阶级的生活进行客观审察。看上去他们好像做的诸多事情都只是为了保证自己的生活，可是事实上那些事情并不一定会真正地保证生活。因此，他们的宗旨只是想要忘掉人生并没有得到保证也没办法保证的想法。

现在大家还没有看清楚因为极少数无知的资产阶级和愤愤不平的劳苦大众，还有武器、战争、暴力等衍生出来的残忍状态，而且还笃定我们现在所过的生活是没有任何东西会成为拦路虎的。

不能因为大家都觉得迷妄，就声称那不是迷妄。

死亡

如果人生是幸福的，那么组成人生无法规避的条件——死也应该是幸福的。

死亡——这是个人单向性的解放。看来，大多数死人脸上表达的和平和安宁取决于此。每个善良的人的死亡通常是安宁和轻松的；但是，有准备的死亡，心甘情愿地，乐意去死——这就是放弃活着的意愿，否认生命的人，放弃自己的特权。因为只是这样的人真的想死，而不是看上去的，所以，不需要，也不要求自己个人的继续存在。

叔本华

已经死去的人都在哪儿呢？都在还没有出生的人所在的地方吧。

塞内加

如果死是让人畏惧的，那其实是因为我们自己，而不是因为死本身。我们生活得越健全，越不会觉得死有多么让人恐惧。

对于圣人来说，是不存在死这一说的。

在老年以前我只想过好人生，老年以后我只想更好地死。更好地死应该做到不畏惧死，也代表着快快乐乐地死。

塞内加

对人生没有真正了解的人当然是害怕死的。

肉体的死就代表着让肉体存在的东西消失，和时间紧密连成一体的生之意识也消失了。可这种现象不是每天都在我们周围上演吗？这和我们的睡眠不是一样的吗？现在的问题是，肉体的死是否也使得我对世界的独有关系（也就是和我的所有意识相结合的东西）也跟着消失了呢？得出结论以前必须先对下面这件事进行证实：我对世界的独有关系和我的肉体生活是不是同时产生的？假如答案是肯定的，那就要和死一起不复存在。可实际上并不是这样。

通过对自己的意识基础进行反思：我知道它会包容一些东西，也会冷淡一些东西，因为这种包容和冷淡的结果，在"我"里边最后就只有一样东西被保存了下来，其他的都不复存在了——这指的也就是我喜爱善和憎恨恶到何种程度——这也组成了我对世界的独有关系，或我自己的独一无二性。而且我还发现这种关系的产生并不是因为某种外在原因，而恰恰是我生命中其他所有现象的根本原因。

在这个反思的基础上，我产生了这样的想法：也就是从我的父母或对我父母产生影响的众多条件的独树一帜性中去找到我那"自我"的独一无二性产生的原因。可是假如继续深入思考，我肯定会发现这样的事实：如果从父母和影响了他们的众多条件的种种独一无二性中找到了我的"自我"的独一无二性，那么在我所有的祖先和他们的生活众多条件的独一无二性中也可以找到。而我的祖先是可以持续不间断地追溯的，也就是可以持续向时间和空间以外追溯，所以我的独特的"自我"是在时空以外发生的。

波拉多因斯基

你害怕死亡，可是你想想，如果你是注定永生在你的同一个人身上，那是什么样子？

小孩

小孩子具备一种可能——让所有伟大事物都得以实现。

耶稣说:"我老实跟你们说,假如你们不回头变成小孩子的模样,你们是进不去天国的。因此只要是谦逊得如同小孩的,在天国里他就是至高无上的。凡让相信我的一个小子摔跤的,还不如将大磨石绑在他的脖颈上,让他沉入深海。"

《马太福音》18:3、4、6

那时,耶稣说:"父啊!天地的主,我要好好感谢你啊,你让那些事隐形于聪明人面前,显现在婴孩面前。父啊!没错,这就是你的美意。"

《马太福音》11:25~26

为什么相比大人,小孩子的德行更高呢?那是因为小孩子的智慧不会受到诱骗、罪恶,进而被扭曲;在他们向理想化的道路上前进时,是不会遇到任何阻碍的,可是对于大人来说,却会遇上罪恶、诈骗这些阻碍。

小孩子只要往前走就可以了,而大人却需要努力。

如果随身携带的所有完美的天真和可能性的孩子没出生，世界是怎样的可怕！

约翰·拉斯金

得到祝福的、受恩宠的、残忍世界里的神的形象都是小孩子。统计结果显示，每天会诞生八万个小孩子，这八万人代表着纯真和清新，不仅拥有种族繁育下去的价值，而且拥有和堕落、罪恶的传播相对抗的意义。伟大创造主的一种秘密是由摇篮边孕育出来的所有美好情感构成的。如果这一滴甘露也没有了，人类就会被自私的情欲之火烧得什么都不剩了。

假如存在十亿不会死亡也不会再繁育后代的人类，我们会怎么样呢？神啊，毫无疑问，我们所获得的知识将是现在的几千倍，可是也要比现在坏不知道多少倍。尽管知识之垛堆起来了，可是因为痛苦和贡献（对家庭和社会）而产生的所有德行也跟着不复存在了，而且是难以弥补的。

为了小孩子给我们带来的幸福和善（小孩子本身并没有察觉，这个意愿也不是他们自己产生的），我们自然而然地爱着并祝福着小孩子。只有小孩子身上才会出现世界极乐的样子。

卢梭

小孩子柔弱的手指所握住的真理通常是大人坚韧的手没办法握住的，尽管成熟的人会无比骄傲地说自己发现了它。

罗斯金

小孩子保护自己的灵魂就好像睫毛对眼睛的庇护一样，"爱"这把钥匙如果你没有拿到，你就根本没办法进入到小孩子的灵魂中。

尽管小孩子知道真理是什么，可是他们不会表达，这就像大人尽管知道外语可是不会表达是一样的。小孩子没办法跟我们说善是什么，可是他们一定会离所有的邪恶远远的。

对未经世事的小孩子讲述另外一个未知世界的事是最邪恶的一件事。

康德

只有在幼年时期，生活仅有的一个动机才是纯真的喜悦和对爱的无限渴求这两种美好的德行。

对所有人都保持尊重吧，尤其对小孩子要保持百倍的尊重，而且绝对不要破坏小孩子的纯洁。

科学

九
月
九
日

　　如今被叫作科学的知识尽管让人类的生活形式发生了变化，可是并不能说给人类带来了幸福（反倒可以说阻碍了人类幸福）。

　　不管是天文学、机械学、物理学、化学还是其他所有科学，通常只对各自专属的范畴进行研究，彼此没有交集，当然也就无法得出有关整体人生的结论。只有在原始时代，也就是知识混为一团的时代，尽管某些科学依然着眼于其本身，却能在一定程度上把握人生的所有现象。可是等到科学分别创立了自己的概念或专业术语，就开始含混不清了。当天文学还叫占星术、化学还叫炼金术时，情况还没有那么差，而如今的实验科学却只看到人生的某个层面或数个层面，在人生整体的把握上，总觉得有点貌合神离。

　　科学的使命并不是要解释清楚太阳黑点为什么会出现，而是要搞明白我们自身的生活法则是怎么样的，还有如果把这个法则破坏了会产生什么后果。

罗斯金

　　从实验方面得来的定理如果用在自然方面，已然足矣，也可以称之为真理的发源地了。可让人惋惜的是，假如实验（或经验）运用到道德方面却接二连三地出错，所以指导我们应该做什么的众多法则，假如通过我们的经历或从经历中得到什么，则很不恰当。

康德

因为知识，伟人更谦卑，凡人更讶异，小人更夸张。

苏格拉底说："如果一个人心里只有善，那么即便他不再从事学问，也不会觉得难过。"

西塞罗

"不知为不知"这一点就很好地阐明了苏格拉底的智慧。

西塞罗

就像肉体吃了太多食物反而对身体有害一样，学问作为精神食粮也是如此。所以为了避免出现精神食粮吃太多反而毒害身体这种情况，我们必须像进食肉体食物那样，只有在需要时才提取。

罗斯金

科学性知识再伟大，对人生主要目的的实现也无济于事，对实现道德的最高境界也没有帮助。

良心给我们提出的要求是牺牲它，而不是要我们保证自己动物性的本质。

一个不知道神来自何处以及去向哪里的基督徒，不能设立自己外在的生命目标。使他复活的神，是上帝没有通过尺度来实现给予的神。

《约翰福音》3：8、34

人是不可能达到有关世上所有事物的目的（也就是神开创世界的目的）的，所以人的生活不能听从外在的目标，而必须听从自己内心深处所了解到的神的意志的指示。

船夫有时会根据岸边的景物来选择行进的方向，可是这有一个前提条件，那就是必须行走在小溪小河上可以看到岸边景物时。假如在海洋上航行，就只能听从指南针的指挥。对基督徒来说情况也是相似的，假如只是一些俗世问题横亘在人生选择面前时，那么通过外在的目标指引就可能解决，可是假如想要对人生整个的意义进行探究，就必须听听良心是如何说的。从内心深处发出的这个声音会在一个人有违真理时或背离真理遇到危险时出现。

尼古拉·斯特拉霍夫

当我们摆脱私欲的行为以后，我们会得到一种满足感，因为从这里我们可以看出自己和其他所有生物紧密结合成一体的关系。私欲让我们心地狭窄，而摆脱私欲则会让我们胸怀博大。因为私欲，我们的意识会不停地察觉到给个体带来威胁的危险，我们也会一直处于忧虑和不安中，这都是因为私欲让我们只关注个体的利益；而当我们发现我们和所有生物紧密结合成一体时，我们就会关心所有生物，进而让我们胸怀博大。因为对自己的关心减少了，所以我们心中的忧虑和不安就降到最低或者彻底被清除了。这时崇高的精神和纯净的良心就会让我们充满喜悦，每次行善时的心境就是最好的证明。利己主义者因为只看重个人利益，所以在外界的现象和反对的现象中他会觉得形单影只；而善良之人将自己的幸福和所有人的幸福连接在一起，因此他们活在一个友善的世界中。

叔本华

有太多的阻碍横亘在我们和所有物象之间。健康状况、心情、窗景、烟、雨、雾、尘埃、视觉状况，此外还有光线都在不停地变化着。赫拉克利特（Heraclitus）说："每次沐浴的水流都是不一样的。"我也想说，"每次看到的景物都是不一样的。"因为不管是看到的景物还是看到的人都在不停地变化着。

在面对这个扑朔迷离的人生时，睿智会让我们免遭蒙蔽。聪明人的特质就是尽全力在人生舞台上扮演好自己的角色。

我觉得我们之所以会达到这样的状态，都是因为理性的作用，正是因为它，我们才发现所有现实都只是一场梦。而只有自己的痛苦、义务的理念、彼此合作的意志、罪恶感——总的来说，就是道德的要求，才能把我们从这个如梦似幻的世界中带出来。只有在良心的作用下，我们才能离妖魔鬼怪远远的，也才能从吗啡、鸦片的麻醉中醒悟过来，再次意识到人世的义务和痛苦。

良心把我们从沉睡中叫醒，也会手持利剑把我们从虚假的天国驱逐出去。

卢梭

人的外在状态大概就是指人在冥想中迷失，或是在感情繁杂的迷宫中找不到出路。可是对于真理的认识，灵魂却是不会出错的。

露西·马洛丽

相比良心来说，情欲的声音或许更嘹亮也更加有力量，可是它不同于良心说话时的命令式腔调；情欲的声音不可能有良心的声音的严肃感。就算情欲的声音再高亢，当它和良心镇静、和缓而威严的声音相触碰时，还是会马上偃旗息鼓。

伊凡·蒲宁

和我们心中所发出的其他声音相比，良心的呐喊的特色在于：良心的呐喊是对美丽的、不着眼于利害的、审慎的、不是不劳而获的东西提出要求。

从这一点我们还可以看出良心的呐喊和虚荣心是不一样的，虚荣心（荣誉心）和良心的呐喊通常被一概而论。

真正的信仰

真正的信仰之所以吸引我们，就在于它给信的人预言了仅有的一条可以从不幸和死亡中获救的出路，而不是说信的人一定会得到幸福。

如果一个人心里只有"利益"这一想法，那么他的心中就只有利害关系的道德；一个人如果只追求"物质上的幸福"这个宗教，那么当他的肉体生病时，他就会大声疾呼："哦，请治好我的身体吧，只要身体强健了，灵魂肯定会回到肉体中来。"可是我却觉得只有先把灵魂治好了才能让肉体完全康复；病根是存在于灵魂中的，肉体疾病只是灵魂疾病的表象而已。

因为广泛缺乏"天人合一"的信仰，现代人开始走向毁灭。灵魂的真正宗教缺失了，留下来的只是一具空壳和没有生命的礼仪；也就是说，人不再拥有义务理念和舍弃自我的能力，最后变成了野蛮人，成为像尘埃一样没有任何价值的存在物。"利欲"的偶像活跃在空虚的祭坛上，所有人都开始崇拜暴君或征服者，把他们当作最神圣的人物，于是邪恶的道德产生了，这种道德鼓吹的是："每个人的存在都只是为了自己的利益。"

约瑟夫·马志尼

当我们对苦恼的原因追根求源时，会察觉到根本原因就是人类缺乏信仰或信仰不坚定，也可以说是人和世界、人和神的关系不明朗、不真诚，所以人类才变得不幸。

假如一个人对外在的世俗的法则深信不疑，就相当于站在街灯下，只有被灯光照亮的那一片区域是明亮的，灯光没办法照到更远处。可是信奉宗教的人就相当于手上拿着灯笼前进的人，灯光会一直照亮在他的前方，激励他一直向前。

只有明确领悟到自己人生的意义以后，才有可能得到救赎，而并不在于信奉哪个宗教，也不在于烦琐的仪式中。

财富

神和金钱二者我们无法兼得，追求俗世的幸福和实现道德法则是无法并驾齐驱的。

一个人问耶稣："夫子！我到底应该做什么好事，才能获得永生？"……耶稣说："你假如乐意做完全人，可把你所有的都变卖掉，然后分给穷人，天上就肯定会有财物，此外你还要跟在我后面走。"

《马太福音》19：16~21

耶稣对门徒说："我跟你们实话实说吧，财主想要进天国并不是一件容易的事，可是我还要跟你们说，相比财主进天国，骆驼穿过针眼还简单一些呢！"

《马太福音》19：23~24

我认为，财富带来幸福的这一古老迷信已不再存在。

保罗称财迷为偶像崇拜。因为很多拥有财富的人却对财富的利用一无所知，只把它当作不能触碰的圣物一样传给子孙后代。如果到了一定要动用那些黄金的时候，他们也会觉得像犯了多大的罪一样。

圣约翰·克里索斯托

穿得太多，人的身体活动会不灵活，而财富则会对灵魂的活动产生阻碍。

德摩菲尔

对财富欲望的渴求永远不会熄灭，也不会得到满足。那些拥有这些的人，不仅会因期望获得更多而痛苦，而且还会因害怕失去所拥有的一切而痛苦。

西塞罗

无畏贫穷，但畏富有。

所有人都在财富的路上乐此不疲，可是大家如果可以看清自己因此失去了什么，他们应该会把现在为了得到财富而付出的努力，都用在摆脱财富的约束这件事上。

聪明人并不追寻自己现状的改变，因为他知道，上帝信条，也就是爱的信条，在任何情况下都可以实现。

圣贤只对自己提出要求，愚夫则只会对别人提出要求。

（这句话的原文：君子求诸己，小人求诸人。）

孔子

圣人因为从心里认识天道，所以他不用到门外去，不看窗外，依然可以知道自己应该做什么。走得越远，走的路越多，所知道的却越少，因此圣人不远行照样可以知道天下事，不看外面的事物依然可以推断出一切，不特地去完成什么而依然可以自如完成所有伟大的事情。

（这句话的原文：不出户，知天下；不窥牖，见天道。其出弥远，其知弥少。是以圣人不行而知，不见而名，无为而成。）

老子

由于这两件事的存在，一个人永远不应该感到不痛快。一是他可以提供帮助的事，二是他无法帮助的事。

《箴言与引文书》

当人对自己的境况不满时，可以通过两种方法得到改善：一种是对生活状态进行改变，还有一种是对自己的精神状态进行改变，前者一般很难做到，而后者想要做到，通常是有可能的。

爱默生

像对待客人一样对待自己的思想，像对待孩子一样对待自己的心愿。

中国谚语

人会有不高兴的时候，是因为在他的生活里有无尽的，尽管他付出了很多努力也不能暂时忘却的事。

凯雷

当我们不再忙于自身不完美的思想和徒劳的判断时，试着在自己心里建立起内在的宁静与沉默，由唇至心。当上帝亲自与我们对话时，我们在纯粹心灵的简单中聆听神的旨意表达。在沉默中，我们可以实现神的意志。

朗费罗

不够睿智的人肯定会不满于自己、别人和周遭的事物。

暴力

暴力常披着一件看上去伟大的外衣，特别是让人对讨厌的东西表示尊敬，便会带来更大的毒害作用了。

施行暴力的人是可恶的，因为他们是采取暴力的方式胁迫我们，夺走我们的权利；而劝诫我们的人，我们会像恩人一样敬爱他。暴力的方式只有粗鲁愚笨之人才会采取，睿智之人是断然不会这么做的。需要更多人才能实行暴力，可是劝诫人则不用。假如想要劝诫和自己观点不同的人，最好采用温和的劝诫方法。

苏格拉底

那些有权有势的人一直信奉只有通过暴力，才能让人听从他的命令，才能带动人前进，所以他们大力推行暴力以保证现有的秩序。事实上对正当的舆论进行尊重，就可以对现有的秩序进行维持，而不需要通过暴力。因为暴力，舆论活动势必受到破坏，会削弱或损坏原本想维持的东西。

人不是天生就被强迫，也不是天生就听从他人的指挥的；因为这两种习性，人会彼此攻击，只能看到狂野和粗鲁，人已经彻底没有尊严了。

康西德兰

　　世界会因为我们都去发现人生微不足道的一面而得到改善。

梭罗

　　不义之徒会通过暴力来达到自己的目的，而只有正人君子才会区分真伪之道，不通过暴力来劝诫人，恪守真理和理性。

　　贤者绝对不是那些巧舌如簧的人，而是那些坚定不移、不被憎恨和害怕的念头所掌控的人。

佛教智慧

　　暴力无一例外都是和理性、爱相背离的。我们一定不要参与其中。

真相

假冒的真理是认识真理的最大阻碍。

在现实生活中，眨眼之间，现实就会被幻想扭曲，可是在抽象的范畴，虚妄则会在长达数千年的时间内占据霸主地位，被严格禁锢住的人的内在世界的成长会受阻。不管在哪个时代，最杰出的人都会一致将矛头对准抽象世界的虚妄（错误），只有他们取得胜利时，人类才有可能走向昌盛。假如说："因为真理的好处总会出现在出人意料的时候，所以即便人不能预知真理的好处，但依然要对真理孜孜以求。"那么我也得顺带说一句："由于虚妄的害处总会显现在出人意料的时候，所有虚妄都隐藏在自己里面，所以人即便不能对虚妄的害处进行预知，但依然要将它找出来并连根拔起。"只有真理和知识才会让人类变成"大地王者"，而没有害处的虚妄和令人尊敬的神圣的虚妄是不存在的。

对于那些终其一生都在对抗不同虚妄不同错误的人，我们可以这样宽慰他们："在真理还没有被探明以前，虚妄就如同猫头鹰或蝙蝠一样在夜间活动，而一旦太阳升起，猫头鹰或蝙蝠就会消失得无影无踪。"同样地，就算真理暂时被虚妄压制，本该属于真理的位置被虚妄所霸占，可是真理终会出现，被人们所认知。真理的胜利尽管是和痛苦相伴的，可是真理拥有强大的力量，人只要掌握了真理，就不会再让它消失。

叔本华

把虚妄揭露出来和让真理显现出来在为了让人类得到幸福方面是同等重要的。

远离虚妄的外壳就相当于让真理显现出来，也就是说，虚妄被洞穿就是真理现身的时候，虚妄不可能是无害的，把虚妄当作真理的人早晚会受到虚妄的毒害。

叔本华

把遮掩真理的外衣掀开，人类才会在知识领域方面取得进步。

信仰不会因为怀疑而遭到破坏，反倒会因此得到巩固。

有时候，人会暂时对精神生活持怀疑态度。可是这只是一个人相信肉体生活的时候，而不是不信神的问题。当我们被某种东西所蛊惑而开始相信真正的生活是肉体生活时，人就会忽然害怕死亡——就好像身在剧场时，我们会融入舞台上的表演中，从而把自己遗忘了，害怕舞台上表演的情节。

可是有教养的人，虔诚信奉宗教的人依然会知道，就算陷入这种幻觉中，真正的生活幸福都不可能被肉体生活中所发生的事夺走。

就像病人需要一个肃静的环境，精神低落时也得一个人来解决。

在过得最顺风顺水时，圣人依然会有所怀疑。信仰的基础只能由顺利的怀疑组成，真正的信仰总是和怀疑一起产生，如果我不会怀疑，我也不可能具有信仰。

梭罗

　　远离神的人并不是那些对神的存在持怀疑态度，并因此而难过的人，而是那些只在口头上相信神的存在与否，别人说什么就是什么的人。

论土地私有

九月十七日

视土地为个人拥有的财产是不义的。

用篱笆圈起一片土地，然后声称"这片土地是我的"，并召集一批轻率相信其声明的极为简单的人——这就是"接受私有权存在的社会"的创立者。假如当时有人上去拆除篱笆，把沟渠填平，然后大声呼吁："大家小心，不要上那个骗子的当！你们难道忘了吗？土地是大家所有的，并不属于任何人，我们可不能这样走向灭亡啊！"那么很多罪恶、战争、血腥或其他骇人听闻的事件就不会发生了。

卢梭

土地所有权在正义内是不允许存在的。因为如果土地的一部分演变成私人财产，他对其拥有个人处置权，由他个人使用和保管，那么其他人也可能将这块土地的其他部分变成个人的私有财产。最后这样的情形会愈演愈烈，少部分人会把整个地球上的土地瓜分掉，全部变成私有财产。

斯宾塞

我们很难认定现有的土地所有权是合法的，不同意这一观点的人可以去查找一下历史，他会发现土地所有权的根源通常是武力、权力、奸诈和欺骗等。

斯宾塞

有能力使用土地，也有可能会使用土地，自己也有想法想使用土地，可是其土地使用权却被剥夺的人，就是没有土地的人。对于他们，我们最好是站在自然的角度，这就如同鸟兽没有了空气、鱼贝类没有了水一样怪异。

亨利·乔治

某些人自己把土地据为己有，却在语言上或评判上斥责别人把其他财产据为己有。

把土地据为己有相当于把民众财产偷走了，他们应该无比羞愧才对，可是他们却对自己的罪过一无所知，还若无其事地斥责别人或责罚别人。

土地变成私有财产并不是来自人与人之间的自然关系，而通常是形成于历史上的侵占或破坏。土地私有是一种非常粗鲁、完全没有理由的不义行为，代表着生产力的明显衰落，严重阻碍了对自然资源的合理利用，违背了完备的社会政策，阻碍了人类生活状态的改观。既然土地私有具有如此多的害处，为什么时至今日它依然被容许存在呢？原因就在于绝大多数人从来没有对这件事情进行认真思考，对先知们所说的话置若罔闻。

亨利·乔治

当道德发展到一定程度时，人的私有制度（奴隶制度）相比土地私有制度还要更具有人情味一些。土地私有权被允许存在时，大家不辞劳苦，却依然忍饥挨饿，人生已不再拥有快乐，所有人都进入一种家畜般的状态——冥顽不灵，而且意志活动好像也没有了，所有人好像都处于不可抗拒的命运力量的掌控下，而出现种种犯罪或杀人行为。

亨利·乔治

和其他所有不义一样，私有土地的不义肯定和为了保护自己所需的各种恶行是相结合的。

生活的本质

九月十八日

只有在良心中才能找到生活的本质，在肉体中是找不到的。

毫无疑问，如果我没有骨头、肌肉一类的东西，我觉得正确的事情，我就没办法去做。可是假如把我做正确事情的原因归结在骨头或肌肉上，而不是归结于对善的热爱上，那种想法也太傻了——这表明没有区分开事物的原因和与原因相关联的东西；大部分人都在黑暗中摸索着前进，而把和原因相伴的东西叫作原因。

苏格拉底

有一部分人觉得人生的活动应该由物质的力量，或物质和精神共同来说明，而不是可以由精神力量来说明，他们之所以会这样认为，是因为他们觉得假如维持肉体生活所需的物质（食物、空气等）不存在了，那么精神生活也会跟着消失——这种错误的想法和有人觉得火车的开动是借助蒸汽适时进入汽缸的活门产生作用，而不是通过蒸汽的力量是一个道理。

确实如此，如果活门调节不到位，蒸汽就没办法适时进入汽缸。可是如果缺乏了借助蒸汽的力量而转动的活塞的作用，火车是不可能依靠活门本身启动的。

斯特拉霍夫

在我们内部就可以找到神性，我们一直想回到这个源头。

塞内加

当精神和肉体都被人看作自己的本质时，人就会不断受苦。可是你应该知道，只有在你的精神之中才能找到你的本质，你应该让精神凌驾于物质之上，不能让精神服从于肉体；尽可能过精神生活，而不是肉体生活。这样你就可以在完成了所有真理，履行了自己的义务之后而和神的力量融合成一体。

马可·奥勒留

在不具有"原因"的精神根源之中来了解自己所有行为的原因，并在这个根源的指导下生活就是精神生活。

没有展示原因的肉体关系却要来指导对精神根源不了解的人的种种行为，如此一来，所有结果都只是众多结果的结果，复杂得让我们的眼前一片模糊。所以，这样的人是万万不具备自己行为的巩固基础的。

我觉得在我们内部存在一股灵力，使我们醒悟过来，得以过良知的、自在的生活。

当你领悟到肉体这个东西只是暂存时，对于永久性的东西你也就可以看出来了。

佛教智慧

我们看不到精神（神、灵），可是它却看得到所有。

《塔木德》

只有当人拥有了大彻大悟后的精神力量以后，才能称为真正活着。肉体只是把这股精神力量装起来而已，就是因为这股精神力量，所有表面的东西才得以存在，所以我们一定不能把人生的本质归结于肉体的生活。肉体如果缺乏精神就好像梭子没有织布人，笔没有写字人一样。

马可·奥勒留

　　肉体被精神引导，而不是精神被肉体引导。所以，如果我们想要让自己的境遇有所改善，就应该从精神范畴，而不是从肉体范畴去改变自己。

虚伪的信仰

在过去和现在，虚伪的信仰所产生的毒害太大了，根本没办法考量。

所谓信仰就是对人和宇宙之间的关系进行确定，通过这个关系，我们可以决定自己的意义。如果这个关系和因此而决定的意义都是假的，那么我们的生活将会变成什么样呢？

毫无疑问，没有宗教信仰或轻视神是很糟糕的事，可是相比之下，迷信却更加糟糕。

普鲁塔克

如果我们这样问基督徒，"人类是陷入什么样的'恶'中被基督所拯救的？"大部分人肯定都会这样回答："不变的劫火、地狱和将来的处罚。"而且他们也觉得所谓拯救就是其他人可以帮自己完成的某种事。《圣经》中极少提及的"地狱"这两个字被误会以后所带来的结果是让很多基督徒深受其害。实际上人即便可以挣脱表面的地狱，却依然极有可能免不了会掉进更恐怖的地狱，而摆脱自己心中的"恶"才是对人最关键的救赎，给人真正自由的救赎。心灵的罪相比表面上的罪更胜一筹，也就是这样一些心灵状态：对内心里存在的神的力量予以忽视，也就是背叛神而屈从于情欲的力量，还有看上去好像在神的面前活着，事实上却对人会加诸自己身上的威胁或气愤而感到害怕，对自己得到平安的美德不予以了解，却揪住表面的荣誉不放——这难道不是最恐怖的心灵状态吗？

普通人通常浑然不觉地把这种心灵状态一直延续到死，这简直太恐怖了。

救赎的真正意义是：让生病的心康复、把堕落的心提升起来，把思想、爱、良心和自由都弥补回来。

我们之所以被赐予澄明的心，就是为了得到这样的救赎。

伊凡·蒲宁

如同一个人在森林里找不到方向，只能徘徊在一个地方，一直无法走出来一样，"丧失灵魂"的意义就是指在情欲的杯中醉生梦死，找不到前进的方向，在自我的封闭世界里徘徊，而不是像教会里所说的"陷入无边的地狱"。

世界先进思想

大家之所以生活得很糟糕，根本原因是他们宁可相信虚伪，也不相信真理。

康德

以神的名义，教会捏造了很多特殊的关系，在教会和哲学之间横亘起一堵墙，让它们互相分离，好像教会和哲学可以互不相关。如今哲学家应该做些什么呢？就是去把这堵墙打破。

莱辛

　　舍弃虚伪的信仰、舍弃对世界的虚伪关系都是远远不够的，我们一定要确定真正的信仰才行。

不管什么善事，都必须通过努力。

假如研究了也没有取得成绩，一定要让他继续，除非没有开展研究；假如产生疑问请教了也不是特别明白，一定要继续请教，除非不去问询有识之士；如果思考了，依然没有彻底明白善的根源，一定要让他继续，除非没有思考；假如善恶分辨了还是含混不清，一定要让他继续，除非不对善恶进行分辨；假如行善了，也没有竭尽所能去做到，一定要让他继续，除非不行善。别人只用一次就可以做好的，可以让他做百次，别人只花十次就可以做好的，就让他做一千次。

可以坚持下去的人，再无知的人也会变成有素养的人，再软弱的人也会由此变得坚强。

（这句话的原文：有弗学，学之弗能弗措也；有弗问，问之弗知弗措也；有弗思，思之弗得弗措也；有弗辨，辨之弗明弗措也；有弗行，行之弗笃弗措也。人一能之，己百之；人十能之，己千之。果能此道矣，虽愚必明，虽柔必强。）

孔子

因为到毁灭的门是宽的，路是大的，进去的人也多，所以你们要进窄门；永生之门才是窄的，路也小，可以找到的人也不多。

《马太福音》7：13～14

行恶是简单的，也就是说，给自己带来不幸的事做起来一点都不难，可是假如要让自己得到真正的幸福，真正的善，就必须通过勤恳和努力。

佛教智慧

和寻求真理一并出现的是烦恼和紧张，而不是快乐。可真理必须得探知，因为如果不去探知真理，不爱真理，你就只有毁灭这一条路可走。或者你会说，如果真理真想让我们找到，并爱上它，它本身就会在我们面前出现；没错，真理是会在你的面前出现，只是你并没有发现。探知真理吧——这是真理对你的希望。

帕斯卡

要想通往"善智"，其道路不可能鲜花遍地，草地如丝，而往往要攀登高耸的山崖。

罗斯金

要想真正过上美好生活，内心深处必须一直有这种想法，才有可能实现。

人假如对劳动习以为常，应该就不会觉得肌肉酸痛，可是不劳动的人肯定会因为痛而叫苦连天。同样地，将完成善德当作人生重大事情的人能坦然面对不幸，可是对于精神缺乏修炼的人来说，这却是叫苦不迭的事。

纵观人类的自由，两个或多个不同行为的选择——向左还是向右，还是原地不动的选择是最小的自由。是任由感情发泄还是克制感情的选择——像大发雷霆或克制生气二者间的选择是难度系数大一点更有价值的自由。而选择自己的思想方向才是难度系数最高的，而且最重大的自由。

拼尽全力对你的思想进行净化吧！坏思想没有了，坏行为自然也就消失了。

孔子

头脑里尽可能不要有邪恶的东西。

爱比克泰德

神掌控着所有事情，自己可以决定的只有想为神（天意）或努力为自己的心愿。

鸟在我们头上飞，我们无法阻止，可是我们可以阻止鸟将巢筑在我们头顶上。同样地，邪恶的思想出现在我们脑海中，我们无力阻止，可是我们可以不让邪恶的思想根深蒂固于我们的头脑中，以免衍生出邪恶的行为。

马丁·路德

为了得到知识、过上平和的生活，以及将所有工作都圆满完成，最重要的就是让自己的思想被科学的理性所掌控。

洛克

我们思想的结果就是我们的生活；生活来源于我们心中、我们的思想。假如人的一言一行都来源于邪恶的思想，那么其后肯定少不了烦恼，就如同拉车的牛蹄后肯定会有车轮一样。

我们思想的结果就是我们的生活；生活来源于我们心中、我们的思想。假如人的一言一行都来源于正义的思想，那么以后肯定会伴随着快乐，就好像如影随形一样。

如果一个人心中老是有这些念头——诸如"那家伙伤害了我，那家伙诽谤了我，那家伙修理了我"，那么他心中的憎恶是永远没办法消除的，将这些念头清除出去的人是抑制住了憎恶的人。

来源于憎恶的东西是不可能通过憎恶得到克服的，只有通过爱，憎恶才能被清除，这个法则是恒定的。

佛陀

确定了对事物的认知，知识就可以得到了；知识得到了，意志便能朝真理迈进；意志完全朝向目标前进，那么心就是善良的。

（这句话的原文：物格而后知至，知至而后意诚，意诚而后心正。）

孔子

对自己的思想、言论和所有邪恶的行为都要加以留意，如果你可以让它们不受到污染时，你就已经前行在真理的道路上了。

佛陀

行恶是罪，恶念也是罪。

圣约翰·克里索斯托

感情和意志可以各行其政，可是思想可以认可感情，也可以不认可感情，所以，它不仅可以鼓动感情，也可以克制感情。

人天生就信仰"永恒"。

假如人觉得自己只是一种存在物，在某一特定时刻被召唤到这世上来，他就极易生出这样的信念：尽管死代表着自己生活的完结，可是却不代表着自己的存在本身也结束了。

叔本华

对于肉体，我们的精神并不认可它是自己永恒的家，而只是把它看作暂时居住的地方。

印度经典

我们不可能永生，我们早晚会死，我们拥有的时间是非常有限的，可是我们的灵魂并没有觉得害怕，根本不知道老意味着什么，灵魂是永生的吧！

弗西克利特

不知道还有多少国度是我们所不知道的呢！看到这一望无际的

空间、广阔无垠的沉默，我真是害怕极了。我觉得很害怕，当我想到自己身处于这永恒并短暂居住时，当我想到我所拥有的空间和可见的空间是如此之小，当我想到我在和这互不相知的空间里拥有如此小的空间时。而且我也觉得很惊讶，为什么我是在这个空间而不是在其他空间呢？因为即便我对过去和将来都不考虑，我也没有任何理由来证实为什么现在这一刻，我是在这里，而不是在其他地方呢？谁把我带到这儿来的？又是谁指示只让我拥有这样的空间和时间的？

人生太短暂了，就如同一个过客生命中的一天。

帕斯卡

死代表着肉体的消失，也就是我们作为工具来包容世界的器官的毁灭。通过这个肉体，世界会把它的样子表现出来，死代表着我们看东西的玻璃镜片损坏了，可是我们的眼睛还是好好的。

从经验中我们得知：相信生活在坟墓另一边的很多人依然憋着坏水，想要做龌龊的事，依然想通过各种奸诈的手段来逃脱罪责或自己行为所产生的恐怖后果。可是我们同时也发现真正拥有道德的人对于心灵深处存在着通往永恒的东西心中了然。因此，我觉得将尊贵灵魂和美好的感情作为来世信念的基础，还不如把对来世生活的希望建立在善良的行为基础上来得人性一些——真正的道德信念就是这样的东西，其单纯程度和所有哲学化或艺术化的东西相比，前者还要尊贵一些。不管在何种境遇下，我们都可以实现这样的东西，而且是仅有的一个，它用最直接的方式把我们带向真正的目的。

康德

我们之所以会害怕死，是因为我们将人生特别小的、被错误想法所局限的一部分看作人生的所有。

　　在我们内部存在的神的声音就是和我们有关的永恒的意识。

人不可能无所不知

九月二十三日

所谓"真正的知识"，我们只能靠近它，不可能完全得到。

普通学者都热衷于谈论所有存在物，或了解他们所谓的"自然"的根源，并想要知道天体产生的根本原因，可是对于这样一些问题，苏格拉底却尤为谨慎。

他说："对和人关系不太大的事物，他们真的怀有如此浓厚的兴趣吗？他们确实是这样。因为他们觉得他们可以把人能知道的所有事物都研究透彻，抑或他们觉得自己可以抵达远超事物的神秘殿堂。"

苏格拉底觉得很惊讶，当他看到这些假学者对人脑不可能窥探到的神秘不甚了解却表现出强烈的冲动时。

他说："那些人普遍幻想自己拥有可能对神秘殿堂进行说明的能力，可实际上这是很荒诞的。如果你听他们说话，你会觉得自己身边都是一群疯子。这些人对不值得害怕的事情害怕不已，对真正危险的事反倒表现得很坦然，因此他们也是不幸的人。"

色诺芬

有人会有很古怪的念头，觉得科学有时候和宗教是对立的；假如科学是空无一物的、虚荣的，那么它不仅仅和宗教是对立的，和真理也是对立的，可是真正的科学不仅不是和宗教唱反调的，反而还在帮宗教开路。

罗斯金

假如人生来是为了将所有布幕揭开，还不如不出生。

《塔木德》

对一个正常健全的头脑来说，应该觉得兴奋的不是自己已然对很多事物了然于胸，而是发现还有很多不可知的东西有待自己去探寻。

罗斯金

我们无法想象我们的无知，只有在科学的帮助下才会有所发现。正如盲人无法想象黑暗，直到他看到光明。

康德

知道得太多还不如知道少一点；不要担心无知，应该担心的是过多的知识、承载不了的知识，还有只想满足自己的虚荣心而得到的知识。

素食

九月二十四日

假如肉食被看作不可缺少的，而且是正确的，那么肉食就要被划归到许可的范畴了。

如果我们不盲目听从于习惯的摆布，那么稍微会动点脑筋的人都不会臣服于这样的理念，即虽然我们要对大地感恩戴德，因为它给我们提供了丰富的植物，可是为了让我们自己生存下去，不管怎样一定要杀很多动物才行。

曼德维尔

到底是面临了多么残酷的生存压力，或是多么不可克服的无知，你们才会为了吃动物的肉而不惜让自己的双手沾满鲜血呢？即便不这样做，为了存活下去，难道你们不能将其他所有必需品和所有方便之物都物尽其用吗？而现在好像缺失了动物的肉，大地就不能养活你们一样，为什么你们还要这样毁坏大地的名誉呢？

普鲁塔克

你们问我为什么毕达哥拉斯不允许自己吃肉？可是我想问的是：那种让动物的血和肉和自己的嘴唇相接触的人，他们的心里是怎么想的？他们的出发点是什么样的？他们的思想又是怎么样的？

我很惊讶一种人，餐桌上摆放着被杀动物的残骸，将最近一段时间还在用种种方式彰显自己生命力的动物作为自己每天的食物。

普鲁塔克

因为原始时代的人在生活所需的其他方式方面很匮乏，所以他们变成肉食民族是能被原谅的。原始时代的民族之所以会有这种习惯，并不是因为他们纵容自己的欲望，也不是无限放大所有欲望，更不是让自己被不法情念所包围。

普鲁塔克

小孩子喜欢蔬菜、乳类以及水果等食物，而对肉类并不热衷，这可以很好地证明肉食是违背人的本性的。

卢梭

假如人生来不是要沦为老虎口中的食物的，那么羊生来更不是变成人口中的美食的。因为老虎是肉食动物，而人不是。

李德孙

只能吃肉类，别无选择的人，或从来没有听说过肉食是罪恶而单纯地相信《圣经》是不反对肉食的人，和住在蔬菜、乳类丰富的国度，听过人类的大师的教诲——肉食是不能吃的言论，可依然没有放弃吃肉的现代文明人，尽管他们同样在吃肉，可是二者之间却有显著的区别；后者因为所做的坏事是自己已经坦承过的，所以罪恶要大于前者。

劳动

劳动不是美德，但是美好生活不可避免的条件。

永远记住伟大的不变的真理，你们所具备的是其他任何人和任何动物的任何部分不能具备的，你们使用的或是你们消耗的呈现了人类生活的一部分。

约翰·拉斯金

有时候劳动是无用的，忙乱的，不可忍受的，让人生气的，影响他人和引人注意的。这样的劳动比游手好闲坏得多。真正的劳动——永远都是安静的，均匀的，平凡的。

凡是你自己能做的，不要指望他人。让任何人都在自己的门内折腾。而如果每个人都将这么做，整条街道都将是整洁的。

那种人能获得财富只有三条路径：劳动途径，乞讨途径和偷窃途径。如果劳动者获得的那么少，那么只是因为乞讨者和小偷得到的份额太多了。

亨利·乔治

如果一个活着的人放弃自己同自然斗争的责任，他在那时受到惩罚，他的身体在死亡。如果一个人放弃这个责任，而强迫其他人完成它，那么他在那时受到惩罚。人类固有的进化变动在停止。

你们不是热爱劳动的！你们在哪方面努力劳动了？

梭罗

如果有游手好闲的人，那么就有其他的人——通过出力的劳动者。如果有过饱的人，那么就有其他的——饥饿的人。

游手好闲的人们的大部分事情，他们认为不是劳动的，就是消遣娱乐，不只是减轻了其他人们的劳动，还给他们增加了新的劳动。多么奢侈的消遣娱乐。

法律

九月二十六日

道德上的法律同真实的智慧和真实的信仰所表现的一样清楚。

不需要特别深刻的思想，搞清楚需要做什么能让意愿是善良的。没有经验的人在世界整体的理解中，不能搞清楚，不能对在这个世界整体中完成的所有事件给出解释，——我问自己的只有一点：我同不同意让领导我做出行为的动机成为对于所有人的必须的法律。如果合适的和不合适的不只是可能降临到我身上或是其他人身上的伤害的后果，但是因为他们不适合成为对于所有人的必须的法律的基础；与此同时理性强迫我直接尊重这样的法律；尽管我还不明白，这样的尊重是在什么基础上，但是我知道，我在这些法律中尊重的是这样的某种东西，它的自身价值远远超过了趋势提示给我的一切，只有对道德法律的一个尊重进行才有这样的义务，在这个义务面前一切其他动机都要让步。

坎特

通晓法律中的一个人引诱他，问他说：老师！哪条戒律在法律里最高？耶稣告诉他用你的全身心，用你的整个灵魂和你的全部理性爱上你的主人上帝。这是第一条也是最高戒律。第二条也是和它相似：像爱你自己那样爱上你亲近的人。在这两条戒律中确立了整个法律和最高权威。

《马太福音》22：35～40

　　整个世界遵守一个法律，而在所有理性动物之中只有唯一的理性。由此对于理性的人们关于完美的理解共有一个理解。

马可·奥勒留

　　记住，存在上帝，他不是想从他按照自己创造出的人们处得到赞美和荣誉，而是想让他们被他所赋予的理性领导，用自己的行为让他满意。要知道无花果树忠于自己的事情，狗，蜜蜂也如此。而难道人类不完成自己的使命吗？但是这些伟大的神圣的真理在你的记忆里暗淡；日常生活的琐事，不理性的恐惧，虚弱的灵魂，成为奴隶的习惯压制着他。

马可·奥勒留

　　永远用新的和不断增长的好奇和敬仰两样东西填满灵魂，思想更经常更长久教他们什么：我头上是星空，道德法律在我身上。

坎特

　　在所有地方，你们想让人们怎么对你，你们应该这样对待他们；因为法律和最高权威在此。

《马太福音》7：12

　　道德法律是这样的清楚明了，人们不能推脱不知道法律。他们剩下一件事：背弃理性；他们正在做这个。

谴责

对于普通人来说，谈论他人的短处是一件很开心的事；不知道这件开心的事会带来什么害处的人是不可能不让自己做这件事的。而有些人尽管知道谈论他人的短处会有什么害处，可是因为可以从中得到乐趣而任由自己这样去做，那实在是一种罪恶。

我们不能单从一个人所表述的思想就断定他的所作所为是什么样的。反之，我们也不能仅凭一个人的行为就断定他做那样的事的原因，他在思考什么，他的心中又觉悟了什么。如果一个人不辞辛劳地不停奔走，或不停地读，不停地写，不停地劳动，或昼夜不停地工作，只要对于他做这些事的原因我还不了解，我就没办法认定他是个热爱劳动的人或是个甘愿给他人卖力的人。当然每晚流连在妓院的人，不会有人说他热爱劳动或给他人卖力。

如果一个人的目的夹杂着其他的东西（目标直指金钱或名誉所做的事当然可恶，看上去冠冕堂皇的事也通常目的不纯），那么不管他多么辛苦，多么想完成一件伟大的事，我们都不能断定他就是个勤快人或会有助于他人的人。只有当一个人努力的目标是自己的灵性、神、他人，我才会说他是个勤劳的、会有助于世人的人。

可是其他人的心如同黑夜一样看不清，我没办法知道其他人自己才会知道的心理活动。所以我们不能对别人加以指责，也就是说我们不能认可人、诽谤人，也不能批评人或给他人申辩。

爱比克泰德

仅仅和我待在一起还远远不足以判断我，还必须进入到我的内部。

密茨凯维奇

善人难以对别人心中的恶进行想象，而恶人对别人心中的善同样难以想象。

在争辩中，人会遗忘真理，争辩会让人的理智荡然无存。

自己内在的审察力是我们最有待完善的能力，我们好像总能看到别人的恶，而对于自己的恶，则差不多视而不见。

布朗

真正高贵的人，会随时原谅别人的过错，而如果自己犯了错误，则不可原谅，而且不敢做出任何恶行。

小普利尼

即便我们知道别人的恶，在评判别人时，也应该小心不给以恶评。我们更应该避免的一种情况是——自己对别人的恶并不是十分清楚，而只是随大流。

建
议

九月二十八日

人的很多行为都和理性无关，甚至和情感也没有关联，而只是通过无意识的效仿、暗示。

受暗示所产生的行为有善的也有恶的。在我们的社会，基本上都是恶的。只有在良心的要求下所做出的有意识的行为才可能是善行，可是后者几乎只占到前者的千分之一。

幼稚境地是指自己没办法独自让自己的理性活动的境地。而一个人会有这种幼稚境地，并不是因为他的理性力量有待完善，而是因为没有其他人在一旁指导，他便失去了运用理性的勇气和魄力。而教化则是把人从幼稚境地带出来的一条活路。

康德

教化的第一步就是鼓足勇气运用自己的理性。

康德

人的内在会发出种种声音，假如我们可以从中辨别出永恒的真正的声音，那么我们就会永远行走在正确的道路上，也不会行恶。为了达到这个目标，最重要的一个前提就是对自己非常了解。

对大众蒙昧的原因进行好好审察吧，你将会发现最主要的原因是他们心中接受的种种迷信，而不是像我们想当然地认为学校或图书馆太少。

只有通过道德生活的范例的呈现，真正的教化才能广泛传播开去。像学校、书籍、报纸杂志等被想象出来的教化事业不仅和真正的教化一点关系都没有，而且绝大部分还是背离这个宗旨的。

如果你察觉到自己的行为是受他人所影响，不是在理性的指导下，也不是听从自己内在的召唤，你就应该马上停下来，想想别人给你的暗示到底是不是善的。

战争的愚蠢和疯狂

九月二十九日

战争不仅会带来一系列悲痛和可怕事件，它还有一种最大的罪恶：理性的扭曲。只要存在军事和军事费用，好像就有必要进行说明，可是不可能进行合理的说明，这时理性的扭曲就产生了。

（这是出现在伏尔泰作品中的外星人米克罗和地球人的对话。）

米克罗说："你们都是拥有理性的原子，而'永恒性'的出现更是让理性更加完美和富有力量。在地球上，因为你们拥有强大的精神力，而物欲少得可怜，你们肯定陶醉在单纯的快乐中，也才能在爱和思想中构建你们的生活——而只有在爱和思想的生活中才能找到真正的精神体的生活。"而所有的哲学家都没有认可这段话。其中有一个人更是耿直地说："除了有极少一部分人受到尊敬以外，其他所有地球上的居民都是罪犯、桀骜不驯的人和可怜人。"

"假如恶来源于肉体生活，那是因为所含的肉体要素太多了，远远超出我们的需要；如果恶来源于精神生活，那是因为我们所含的精神要素太多了。"他接着说，"比如说现在正在上演着一场厮杀，就发生在头戴帽子的桀骜不驯的人和包着头巾的人之间，双方各有数千人，而且自从太古以来，世界各地都屡见不鲜。"

"这些微小的生物为什么要互相争斗呢？"

"因为一小块土地。"哲学家说，"可是相互厮杀的人本身和这一小块土地之间是没有直接关联的，他们的争斗焦点是这块土地到底是属于被叫作帝王的人，还是属于其他被叫作王侯的人，而那位帝王或王侯根本都没有见过这块土地。在动物之间，我们从来没有看到过为了某一只动物而相互搏斗的。"

"可怜的人啊！"米克罗说，"这是我能想象到的最疯狂的事了……好，我尝试着往前迈两三步，将如同蚂蚁一样聚拢在一起的杀人犯都毁灭。"

"不需要。"哲学家们说，"为了这样的事，我们本身已经心力交瘁，根本不需要处罚他们。应该受到处罚的是那些端坐在自己的皇宫，命令他的子民去杀人，而且指派他们去战斗，如果成功了就感谢神的粗鲁人。"

伏尔泰

最荒谬的事情莫过于别人竟然有权力杀我，而且原因是他的国家和我的国家之间有矛盾（他住在河的另一边），而我和他之间本来没有发生过任何事。

帕斯卡

终有一天，大家会明白战争有多么愚蠢和疯狂。

四世纪以前，比萨和路加的住民彼此之间水火不相容，似乎浓烈得永远无法化解一样，所以连最卑微的比萨走卒都会认为接受路加市民的任何东西都是让人憎恶的叛变行为。可是时至今日，这种仇恨又给我们带来了什么呢？而普鲁士人对法国人的深仇大恨又会给将来的日子带来什么呢？从我们的子孙的立场来看，他们会觉得这种仇恨和斯巴达人对雅典人、比萨人对路加人的仇恨没有两样，我们完全可以这样认定。终有一天，世人会觉察到相较彼此攻击，还存在更重要的事，大家会觉察到贫穷、蒙昧、疾病才是我们共同的敌人。所以我们应该共同去努力把这些恐怖的不幸消除掉，而不应该把所有精力都放在让彼此陷入更大的灾难中。

查尔斯·里奈

欧洲各国负债高达一千三百亿，其中大概有一千一百亿来自最近这一世纪，而这么一大笔巨额债务都是来源于军事上的开销。平常服兵役的人有四十亿，而到了战争时期则增加到一百九十亿。而各国的财政预算中，有三分之二用来维持陆海军和负债。

摩纳

如果旅客到了一个孤岛的住家，发现人们全副武装而且昼夜不断都有人在四周巡视，他肯定会觉得这里处处都是强盗，可是欧洲各国如今的现状不就是如此吗？

宗教的力量已经荡然无存了，我们已经远离了真正的宗教。

利希滕贝格

不要给战争找理由，让恶事显得合理的论调都只是歪曲了理性。

人越陷入孤独中，越可以清楚地听到神召唤我们的声音。

安静吧！
深藏在安静里，
藏入心底最深处！
你的思想和感情
将会像夜空闪耀的繁星。
珍视这所有并保持安静！
心灵需要陈述自己吗？
怎样才能让别人知道我们的心魂呢？
别人能知道你是凭什么活着的吗？

用语言来陈述的思想肯定已变得虚假。
不要把泉水弄浑了，
在安静中孕育你的思想吧！

从内心深处去找寻一条生存之道，
所有东西都存在于你的灵魂中；

外界的噪音将对思想的完美境界造成损坏，
世俗生活会让内在的光黯淡。
在安静中倾听神秘的思想之歌吧！

杜杰夫

按照一卷来说，美好的意图已经被阐明了，完成他的意愿已经被减弱了。但是怎么高尚地保留年轻人对于主张的自满激情？只有很晚很晚以后，想起它们，为它们遗憾，就像对凋零的花朵——摘下没来得及开放的花朵然后看到它们在地上被风干和踩踏。

在面临人生重大问题时，我们往往是孤单的；而别人几乎是不可能了解我们真正的经历的。人生这一出戏最出色的是独白部分，抑或说是我们和神之间以及我们和自己之间对话的部分。

卢梭

帕斯卡说，人必须独自面对死亡。同样地，人也必须独自面对生命；在关键时刻人往往是孤身一人，也就是说，在这种时候陪伴在我们身边的不是人，而是神。

别人需要你而你却不去求别人的人是幸福的。

尽管罪孽深重者在生活上和别人紧密相连，可是他所犯的罪越大，越会发现自己的孤单。反过来，尽管在众人中，善良的人常会觉得孤单，可是在孤单之中，他却能发现自己和全人类是密不可分的。

　　有时让自己单独待着，深入到内里和神相通的地方，通过这样，精神才能得到孕育，就好像通过食物，肉体才能存活下去一样。